行知中国（周末版）

Learn More About China Through Travel

东华大学留学生实践课程教材编写组

主编：吴小军　鲁洲　张艳　李璇

编委会成员：袁薛鹰　王海娟　杨逸鸥
　　　　　　王　晶　徐天龙　刘美玲

东华大学出版社
·上海·

图书在版编目 (CIP) 数据

行知中国 / 吴小军等主编 . —上海：东华大学出版社，2016.9

ISBN 978-7-5669-1121-6

I. ①行… II. ①吴… III. ①旅游指南—上海 IV. ① K928.951

中国版本图书馆 CIP 数据核字（2016）第 198389 号

责任编辑　竺海娟

封面设计　赵晨雪

行知中国

东华大学留学生实践课程教材编写组

吴小军　鲁洲　张艳　李璇　主编

出　　　版：东华大学出版社（上海市延安西路 1882 号，200051）

本 社 网 址：http://www.dhupress.net

天猫旗舰店：http://dhdx.tmall.com

营 销 中 心：021-62193056　62373056　62379558

印　　　刷：苏州望电印刷有限公司

开　　　本：787mm×1092mm　1/16

印　　　张：13.5

字　　　数：324 千字

版　　　次：2016 年 9 月第 1 版　2016 年 9 月第 1 次印刷

书　　　号：ISBN 978-7-5669-1121-6/K・016

定　　　价：58.00 元

前　言

　　近年来，越来越多的国际学生选择中国为留学目的地国家。上海作为中国的国际经济、金融、贸易和航运中心，特别是中国（上海）自由贸易试验区和具有国际影响力的科技创新中心的推进建设，已经成为国际学生来华留学的首选城市。

　　上海拥有一批知名的、有特色的高校和高质量的基础教育，吸引了各国学生前来学习深造，2015 年在上海学习的国际学生已经超过 6 万人。上海正通过进一步加强留学生师资培养、外语授课课程和专业建设，以及提升专业化留学生服务水平，不断提高外国留学生的教育质量，增强对外国留学生的吸引力，努力打造成亚太地区最受欢迎的留学目的地城市。

　　上海是一座历史悠久的文化城市。上海地处长江三角洲前沿的东海之滨，南临杭州湾，西与富庶的江苏、浙江两省毗邻。江浙地区属于江南吴越文化圈，人杰地灵，文化底蕴深厚。江浙地区的民风细腻、手工业发达，拥有大量的物质和非物质文化遗产。水，在江浙人的生活中占居重要地位。长江、钱塘江横穿江浙地区，太湖从古代的海湾形成天然湖泊，吴县、杭州、苏州、无锡、湖州等地同属太湖地区。这个地区还有许多自然泄水大河。星罗棋布的湖泊、港湾，为江浙一带提供了灌溉之便、舟楫之利，促进了当地的经济发展。水文化开发了吴越人民的智慧，培育了他们的开拓精神。"苏湖熟，天下足"的老话，盛赞了吴越经济；"上有天堂，下有苏杭"的说法，成为江浙以水为特色的文化和自然景观的真实写照。苏州以其古朴幽静的园林和风月无边的太湖著称，杭州则以仙女般美丽的西湖而闻名。以水为中心，在江浙地区形成了独特的自然风光和文化景观。

　　希望在沪外国朋友和留学生在工作和学习期间，充分利用节假日时间，和老师、同学、朋友一起，探索人文景区的故事，领略中国文化的魅力，把最美的中国映像传播到世界各地。

目　录

上海及周边景点介绍

部分景点任务卡

豫园－城隍庙

Yu Garden and City God Temple Area

1

推荐星级：★★★★☆

人文历史：★★★★☆

交通便捷：★★★★☆

自然景观：★★★★☆

特色美食：★★★★☆

　　豫园和城隍庙在上海豫园旅游商业区内，是上海著名的旅游文化景点。每到元旦、春节等节假日，这里都非常热闹，很有节日气氛。这一地区既有可以参观的景点，如豫园、城隍庙，又有可以购买传统纪念品的商店，如老庙黄金、福佑路商品市场等，还有各种特色美食，如南翔小笼包、汤团、臭豆腐等。另外，还可以看到中国传统民间手艺、了解传统娱乐项目。

　　豫园是著名的江南古典园林，它原是明代的一座私人园林，距今已有450余年历史。园主人潘允端为让父亲安享晚年，用了20多年时间在这里建造了这一很有特色的江南园林。

　　城隍庙是上海地区重要的道教宫观，最早造于明代，距今已有近600年的历史。庙内主体建筑由庙前广场、大殿、元辰殿、财神殿、慈航殿、城隍殿、娘娘殿组成。

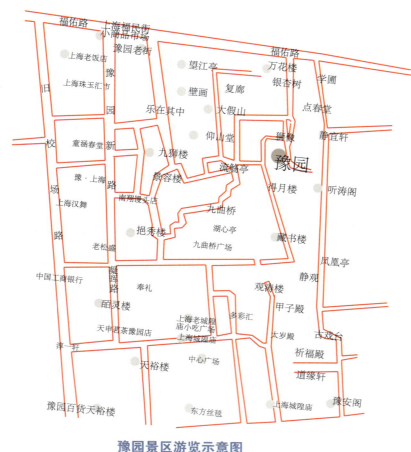

豫园景区游览示意图

◀◀◀

交通指南：

地铁 10 号线至豫园站，出站后沿福佑路往东走约 600 米可到。公交车有河南南路福佑路站（66、306、929、969 路车等经停）；新北门站（位于人民路上，靠近安仁街，11、26、64、304、736、920、930 路车等经停）。

门票信息： 豫园门票，成人旺季（每年 4 月 1 日至 6 月 30 日、9 月 1 日至 11 月 30 日）40 元，淡季 30 元，每位成人凭有效票可免费携带一名 6 周岁以下（含 6 周岁）或身高 1.3 米以下（含 1.3 米）儿童入园（非团体）；60 周岁以上（含 60 周岁）老人凭身份证，全日制大学生本科以下（含本科）、中小学生凭学生证享受半价。

城隍庙门票：每人 10 元，在入口处可以领到免费的香。

最佳季节： 因通道相对较窄，人多时行走不易，建议避开节假日游客多时前往。每年农历春节会举办各种活动，气氛热闹。豫园信息请查阅 www.yugarden.com.cn，城隍庙信息请查阅 www.shchm.org。

知名特产： 南翔小笼包、宁波汤团、绿波廊小吃、五香豆。

豫园
Yu Garden

豫园是上海最有名的古典园林。园内有明朝叠石大师张南阳设计的大假山、江南三大名石之一的玉玲珑、九狮轩、点春堂、古戏台等著名景点。游客游览时常有曲径通幽、豁然开朗的感觉。园内植物丰富，古树名木、盆景、摆花众多。砖雕、石雕、木刻等具有很高的艺术和文化价值，有的雕刻反映了园主人对"福如东海、寿比南山"的期望，有的诉说着某个动人的历史故事，有的展现着主人虽隐于江南但地位不凡的特点。整个园林体现了中国明清传统园林的建筑与设计风格。

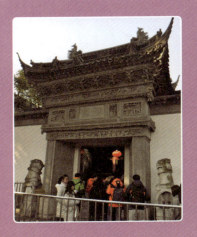

城隍庙
City God Temple

城隍是汉民族宗教文化中重要的神仙之一，往往由对当地人民有功的英雄或官员充当。习俗中有到一个地方旅行先要去拜城隍以求保佑旅途平安的传统。上海老城隍庙原为霍光神祠，供奉的是西汉名将霍光神主。而真正的城隍是秦裕伯，他因对上海居民有功被封，现被供奉在城隍殿中央。庙内还有六十甲子殿，殿内供奉六十元辰中所对应的太岁神，信徒在这个殿里礼拜本命太岁，祈求年年平安、吉祥如意。

南翔馒头店
Nanxiang Steamed Dumpling Stall

南翔小笼包是上海嘉定南翔镇的传统名小吃，它因皮薄、肉嫩、汁多、味鲜、形美而闻名。南翔小笼包的馅儿是以夹心腿肉酱为主，再撒些姜末，用肉皮冻、盐、酱油、糖和水调制而成；皮是用不发酵的精面粉制作而成的。因它的皮薄，吃的时候如果一大口咬下去会烫到舌头，而且汤汁也会流走，所以要用小口咬开，慢慢吮吸汤汁，再吃皮和馅儿。

传统手工艺展示
Exhibition of Traditional Hand Crafts

这里常年展示多种具有中国特色的传统手工艺。民间艺人在此为中外游客展示他们出色的手工艺，如人像剪影、瓶中作画、特色编织、名字作画等。他们的作品还在这里出售。如果你有兴趣，可以向艺人提出要求，说不定他们还会让你一试身手。

外滩
The Bund

2

推荐星级：★★★★★

人文历史：★★★★★

交通便捷：★★★★★

自然景观：★★★☆☆

特色美食：★★☆☆☆

　　外滩是上海最著名、最有代表性的景点，因保留了租界时期外国风格的建筑并与黄浦江对岸现代风格的建筑遥相呼应而闻名。外滩从南边的延安东路开始到北边的外白渡桥共有 1.5 千米长，这一路有 50 多幢各具特色的大楼，每一幢楼的背后都有一些有意思的历史故事等待你来了解。20 世纪初，这里有 30.6 米远东最长的吧台、远东最大的银行和最奢华的酒店。这些被称为"万国建筑博览会"的大楼不但见证了上海发展的历史，也对本地的海派文化发展起到了重要作用。这里原来是上海金融、外贸机构集中之处，现在各有用途——银行、酒店、奢侈品商店、餐馆等等，这一变化并不意味着这一地区重要性的降低，反而更凸显出上海与外国交流的多样化。而与此隔江相对的浦东陆家嘴，已经成为现在的上海新的金融中心，很多国内外银行、金融机构、保险机构等落户于该处，那里还矗立着上海的标志性建筑——东方明珠、金茂大厦、上海中心、上海环球金融中心等。

交通指南：

地铁 2、10 号线南京东路站，以及 127、71 路等公交车。从黄浦江西岸的外滩到东岸的陆家嘴，可以乘坐地铁 2 号线，也可以在金陵东路渡轮码头坐渡轮至东昌路码头。

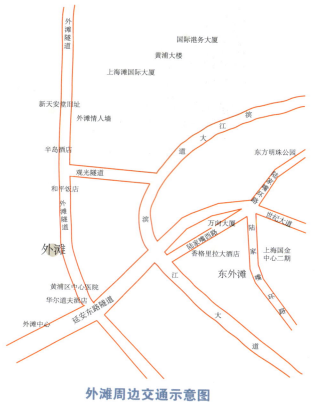

外滩周边交通示意图

门票信息： 免费。由于外滩建筑的用途不一，有些为办公场所，一般不对外开放。游客如想参观，需要先询问值班人员。

最佳季节： 一年四季。节假日游客比较多。清晨和傍晚如有阳光的话，景色更美。晚上，建筑物上发出彩光，时间为夏季 17:00—22:00、冬季 17:00—21:00。

知名建筑： 海关大楼、上海浦东发展银行大楼、华尔道夫酒店、和平饭店、东方明珠、上海中心等。

海关大楼
Customs Building

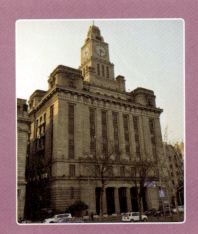

在外滩散步时，每隔一刻钟就会听到嘹亮的报时钟声和《东方红》音乐，这都来自于海关大楼的钟楼。该大楼建成于1927年，外观为新古典主义风格，进门为海关大厅，有贴金花纹的天然大理石柱，上面的平顶用五彩石膏拓花。近大门中央上有穹顶，凹进部分有8幅历代舰船图画，均用彩色马赛克拼成，是精湛的工艺品。钟楼里的大钟由英国公司设计制造，连包装共有6吨多重，是亚洲第一大钟。现该大楼为办公场所。

上海浦东发展银行大楼（原汇丰银行大楼）
Shanghai Pudong Developmental Bank Building（Former HSBC Building）

这幢位于外滩12号的大楼建于20世纪20年代，是当时远东最大的银行建筑，被认为是中国近代西方古典主义建筑的最高杰作。大楼高7层，采用新古典主义风格，穹顶为希腊式。该大楼在外滩建筑中是门面最宽、最壮观的。门前两尊铜狮是出于风水考虑安放的。如果你有机会去参观香港汇丰银行大楼，也会看到相同的铜狮。大楼内部最有意思的是穹顶壁画，上有天顶画和8幅马赛克制作而成以汇丰在8大城市分行为主题的大型壁画。

和平饭店（北楼）
Peace Hotel（North Building）

和平饭店（北楼）是由犹太商人伊利亚斯·沙逊投资兴建的，原名沙逊大厦（Sassoon House），1929年落成，总高77米，是当时外滩最高的大楼。大楼的建筑风格属于装饰艺术风格，它的19米高的墨绿色金字塔形铜顶多年来一直成为外滩显著的标志，被认为是"外滩的名片"。原来大楼主要是上海华懋饭店（Cathay Hotel）的旧址，新中国成立后改名为和平饭店（现由费尔蒙酒店集团负责经营），9国套房和老年爵士乐队是其特色。里面还有一个展示该饭店历史的小型博物馆。

上海中心
Shanghai Center

上海中心建在浦东陆家嘴，总高632米，是目前上海的最高楼。它与金茂大厦和上海环球金融中心相呼应，形成了上海超高摩天大楼群。它外形像吉他的拨片，呈螺旋形扭曲上升，每层扭曲近1°，这种设计能减轻风对建筑的压力。这一高楼主要以办公为主，兼顾商业娱乐、酒店和会展的功能。大楼共有24个空中花园，其中118和119层是主要的观光层。

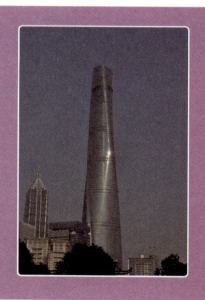

人民广场

People's Square

3

推荐星级：★★★★☆

人文历史：★★★★☆

交通便捷：★★★★☆

自然景观：★★★☆☆

特色美食：★☆☆☆☆

　　人民广场是上海的政治、经济、文化、旅游中心，是上海著名的地标。这里曾经是跑马场，是用来举行赛马活动的地方。人民大道将广场一分为二，北边是上海市政府所在地，市政府两边相互呼应的建筑是西边的上海大剧院和东边的上海城市规划馆；南边是馆藏丰富的上海博物馆。广场中央的圆型喷水池是国内首创的大型音乐喷泉。每天清晨，市民们纷纷来到人民广场绿化地带练功、舞剑、打太极拳。广场西南边建有鸽舍，上千只和平鸽可与游人互动。

　　市政府大楼北面是人民公园，里面有亭台楼榭、假山水池、儿童乐园、当代艺术馆等，是市民休闲的好去处。该公园最著名的是英语角和相亲角。英语角是英语爱好者自发交流、互动、练习口语的地方，参加者有不同年龄的英语爱好者和学习者，也有外国友人参加。相亲角是21世纪建立起来的。由于生活节奏加快，年轻白领谈对象的时间和机会在减少。起先在人民公园锻炼的老人互相交流，为自己的大龄未婚孩子寻找合适的对象，后来发展成全市老人交流未婚青年信息的场所，甚至有职业中介也加入其中。广场周边还有较多很有价值的历史建筑，如国际饭店、大光明影院、沐恩堂、跑马总会旧址等，以及现代旅游购物场所如南京东路步行街、第一百货商店、迪美购物中心、来福士广场等。每到节假日，广场就会布置各种装饰，欢迎国内外游客。

交通指南：

地铁1、2、8号线人民广场站，71、127、925、46、48路等多条公交线路。

人民广场周边交通示意图

门票信息：免费。

最佳季节：四季都适合。国定假日，广场会有布置，景色比较漂亮，但游客也比较多。

知名景点：上海博物馆、上海城市规划馆、人民公园、上海美术馆等。

上海博物馆
Shanghai Museum

该馆是一座大型的中国古代艺术博物馆，藏有精品文物 12 万件，其中以青铜器最为出名。建筑外观上圆下方，代表古人天圆地方的世界观。一楼为中国古代青

铜馆、中国古代雕塑馆等，二楼为中国古代陶瓷馆、暂得楼陶瓷馆等，三楼为中国历代书法馆、中国历代绘画馆、中国历代玺印馆，四楼为中国古代玉器馆、中国历代钱币馆、中国明清家具馆、中国少数民族工艺馆等。

上海城市规划展示馆
Shanghai City Planning Exhibition Hall

该馆以"城市、人、环境、发展"为主题，向人们展示上海城市规划和建设的昨天、今天与明天，重点突出未来 20 年的发展规划。在展示手段上，以传统与现代相结合，突出运用高科技，体现综合、开放、公众参与的特点。

一楼为序厅；夹层为历史文化名城厅；二楼为临展厅；三楼为总体规划厅，内有以 1:500 比例制作的上海内环以内的城市模型；四楼为专业和重点建设规划厅；五楼为观光厅。另外，地下一层出口外为老上海风情街。

沐恩堂
Moore Memorial Church

这是一座基督教新教教堂，属于新哥特式风格，1931年建成。教堂为砖木结构，红砖外墙，有宽大的门厅，大堂仿哥特式，内顶部及四周门窗皆呈尖拱形。中部是教堂的主体部分，总共能容纳1000余人，两边回廊上有楼，供唱诗班用。取名"沐恩"意为沐浴于主恩之中。原名"慕尔堂"，用以纪念信徒慕尔的出资资助。现教堂宗教活动正常，每逢复活节、圣诞节都举行宗教仪式。

明天广场
Tomorrow Square

这座大楼建于2003年，高约285米，地下3层，地上58层。它是一座集办公、酒店、商业中心等为一体的多功能大厦。尖顶楼塔是整个建筑物的焦点，由四根三角支柱组成，中空的部分下有一只巨型圆球，是精心设计的水箱。外形设计像一枚即将升天的火箭，也有人说像一根降魔杆。因其外形特殊，成为人民广场很吸引眼球的建筑。

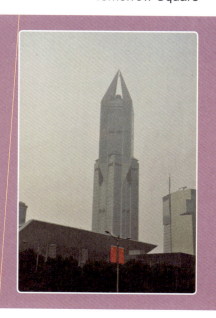

静安寺
Jingan Temple

4

推荐星级：★★★★☆

人文历史：★★★★☆

交通便捷：★★★★★

自然景观：★★★☆☆

特色美食：★★★☆☆

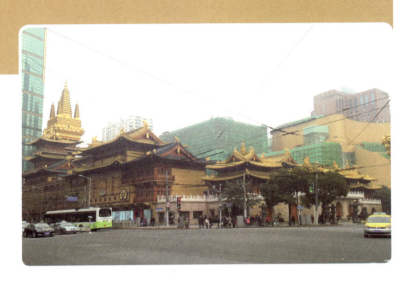

  静安寺位于静安区南京西路 1686 号，是上海最著名的佛寺之一。静安寺在上海市中心繁华的静安商区，交通便利。周围高楼林立，与用来清修的寺庙形成了鲜明的对比。现在的静安寺不是最早的静安古寺，是 1984 年以后慢慢恢复重建的。现在的静安寺总建筑面积为 2.2 万平方米，前有寺后有塔。

  静安商圈是集购物、办公、餐饮、娱乐为一体的大型商圈，这里有久光百货、伊美广场等大型购物中心，为人们提供了便利的购物条件。商圈周围有很多有名的景点，静安公园静静地坐落在静安寺对面，毛泽东 1920 年在上海的旧居也在附近。

  喜欢步行的朋友可以漫步在寺庙周围的小路上，你时常能遇到一些富有年代感的老房子或者有趣的店铺，这些都会让你有意外的收获。

交通指南：

乘坐地铁 2 号线或者 7 号线到静安寺站，交通很方便。

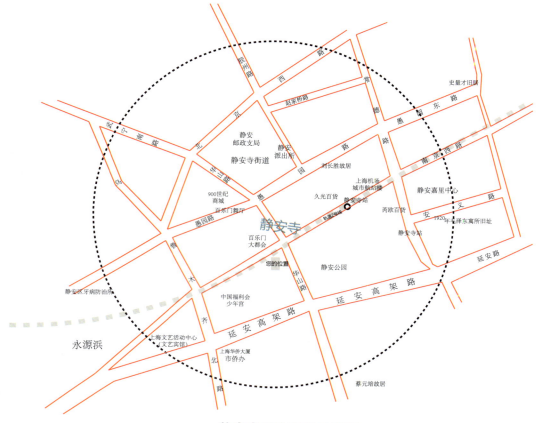

静安寺周边交通示意图

门票信息： 成人票 50 元，10 人以上的团体可打 9 折。

最佳季节： 四季皆宜。建议早上去，能听到僧人诵经，在闹市中更有低沉的韵味。

知名景点： 静安寺、静安公园、1920 年毛泽东旧居、刘长胜故居。

静安寺
Jingan Temple

静安寺原名重元寺、重云寺。它由大雄宝殿、天王殿、三圣殿三座主要建筑组成，雄伟壮观。静安寺各殿铜瓦为顶，门前高柱上的四面狮吼像为金色，庙后佛塔顶部贴金。远观整座寺庙，一片金色的屋顶非常显眼，在阳光下闪闪发光。静安寺香火旺盛，每到菩萨生日、纪念日，寺庙都会举行法会。平时也有高僧讲法等佛事活动，具体活动内容和时间会张贴在庙门旁的公告栏中。这座寺庙也是上海闹市中难得的清修之地。

静安公园
Jingan Park

静安公园坐落在静安寺对面，位于上海市南京西路1649号，公园呈凸字形，南临延安中路，西靠华山路，东为住宅。1953年改建成公园。公园东部是八景园，东南部为人文景观，西部为自然山水景观。公园内还设有儿童游乐园、休闲健身苑、茶室和异国风情咖啡吧等休闲游乐场所，是一处清新典雅，集休闲、健身、旅游为一体的都市花园。参观完静安寺，你不妨在静安公园里走走。

1920 年毛泽东旧居
Former Residence of Mao Zedong

位于安义路 63 号，毛泽东从 1920 年 5 月 5 日抵沪至 7 月初离沪，一直居住在这里。这是一幢沿街的坐南朝北砖木结构的两层楼房，楼下是客堂间，用来会客和吃饭。楼上、亭子间是卧室。正是在安义路居住的这段时间中，毛泽东选定了自己的人生之路。展馆每周二至周日对外免费开放，周一闭馆。

刘长胜故居
Former Residence of Liu Changsheng

刘长胜故居位于愚园路 81 号，是刘长胜于 1946 至 1949 年任中共中央上海局副书记时的居住地，该宅是一幢沿街的砖木结构的三层楼房。2004 年 5 月 27 日，作为中共上海地下组织斗争史陈列馆正式对社会开放。

陈列馆占地 239 平方米，建筑面积 927 平方米，共设有三层展示区。它通过油画、雕塑、遗物、实物陈列、场景展示、情景模拟、影视合成等一系列表现手法，介绍了上海地下工作者可歌可泣的事迹，展示了中共上海地下组织发展、斗争的历程。

新天地
Shanghai New World

5

推荐星级：★★★★☆

人文历史：★★★★☆

交通便捷：★★★★☆

自然景观：★★★★☆

特色美食：★★★★☆

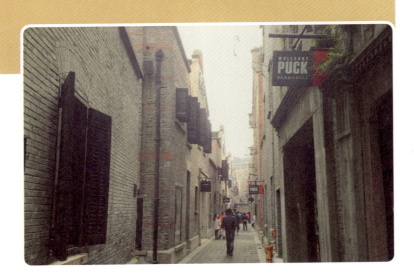

　　新天地位于上海市中心，是以上海独特的石库门建筑旧区为基础改造成的集餐饮、商业、娱乐、文化于一体的休闲步行街。新天地分为南里和北里两个部分，南里以现代建筑为主，石库门旧建筑为辅。北里以保留石库门旧建筑为主。它中西融合、新旧结合，将上海传统的石库门里弄与充满现代感的新建筑融为一体。

　　新天地首次改变了石库门原有的居住功能，创新地赋予其商业经营功能，把这片反映了上海历史和文化的老房子改造成了时尚、休闲文化娱乐中心。走在新天地，好像时光倒流，那红青相间的清水砖墙和厚重的乌漆大门，仿佛置身于20世纪二三十年代的上海。然而，每座建筑的内部又非常现代时尚，原先一家一户的隔墙被全部打通，里面宽敞明亮。门外是既古朴又充满魅力的石库门弄堂，门里是时尚现代的都市生活。

　　来到新天地，可以走进石库门博物馆了解二三十年代上海普通人家的生活，还可以看到当下最新、最流行的时尚用品。漫步街头时，你不妨在路边找一家咖啡厅休息一下。相信这古老与现代、东方与西方的文化，定会让你流连忘返。

交通指南：

乘坐地铁 10 号线到新天地站，或地铁 1 号线到黄陂南路站下，从 2 号出口出站后左转，沿马当路步行约 200 米。也可乘坐公交车 911、926、42 路到黄陂南路站下。

新天地周边交通示意图

门票信息： 参观石库门－屋里厢博物馆需购门票，成人 20 元，年龄 12 岁以下或 60 岁以上 10 元，10 人以上 16 元／人。中共一大会址可免费参观。

最佳季节： 一年四季皆宜。

知名景点： 石库门建筑、上海新天地·石库门屋里厢博物馆、中共一大会址。

石库门
Shikumen(Stone Gate)

石库门是最具上海特色的居民住宅，是融合了西方文化和汉族传统民居特点的新型建筑。这种建筑大量吸收了江南地区汉族民居的样式，以石头做门框，以实心厚木做门扇，因此得名"石库门"。石头围成的房子既防火又防虫蛀，使用寿命也较长。

新天地的石库门改造充满争议。它首次改变了石库门原有的居住功能，将原来房子里的隔墙全部打通，根据商业需要重新装修，所以里面不是石库门原来的结构，只有外墙是原来的样子。如果想要了解仍有居民居住的石库门，可以去吴江路附近的张园看一看。

中共一大会址
The Site of the First National Congress of CPC

中国共产党第一次全国代表大会会址，简称中共一大会址，是中国共产党的诞生地。会址位于上海市兴业路76号，是一幢沿街的砖木结构一底一楼旧式石库门住宅建筑，坐北朝南。

中国共产党第一次全国代表大会于1921年7月23日至7月30日在楼下客厅举行，后因为租界警察的检查，会议转到嘉兴南湖召开。一大召开时，全国仅有共产党员50多人。1997年6月一大会址成为全国爱国主义教育示范基地。

石库门 – 屋里厢博物馆
Shikumen Wulixiang Museum

上海石库门–屋里厢博物馆是由一幢建于20世纪20年代的石库门老房子保留、改造而成的，展馆以一个石库门家庭的故事贯穿参观始终。主要展示7个房间，有客堂间、书房、主人房、女儿房、儿子房等。每个房间都保留了旧时实物、缝纫机、台式风扇、梳妆台等，都非常富有年代感。

"屋里厢"是地道的上海话，意思是"家"。"到阿拉屋里厢来白相相"，即来我家玩儿的意思。如果想要了解20世纪二三十年代上海家庭的生活，不妨走进"屋里厢"去感受一下。

太平湖公园
Taipinghu Park

太平湖公园绿地在新天地旁，绿地有44000平方米。园内有很多高大乔木，为人们提供了天然氧吧。值得一提的是，园中心兴建了上海市中心最大的人工湖，占地12000平方米。湖的中央有大型喷泉，湖泊东西两端点缀着两座小岛，名为"玉兰岛"和"合欢岛"。绿地北边有一条长1200米的湖滨路，与湖西的石库门建筑连成一片，成为一处独特的新景观。

M50

M50

6

推荐星级：★ ★ ★ ☆ ☆

人文历史：★ ★ ★ ☆ ☆

交通便捷：★ ★ ★ ☆ ☆

自然景观：★ ☆ ☆ ☆ ☆

特色美食：★ ☆ ☆ ☆ ☆

　　上海是一个现代化的城市，这里处处有着时尚、艺术的气息。如果你是个热爱艺术的青年，到这里来走走、看看吧！作为上海最具规模和影响的创意产业聚集区，最具品味的时尚活动发布地，这里一定让你不虚此行，让你流连忘返。这里就是 M50 创意园。

　　从废弃的工厂厂房到 2005 年正式命名，发展至今，短短十余年，发生了巨大变化。目前这里已经吸引了国内外各类艺术机构入驻和众多的艺术家到此创作。在这里，你能看到各种画展、摄影展，还可以游逛各种文艺小店、咖啡馆等。此外，这里还常常举办大型的文化节及著名品牌的推广活动。在这里，你时时刻刻都能感受到浓郁的文化气息和愉悦的艺术氛围。

交通指南：

地铁 3/4 号线中潭路站下，5 号口出站，接着沿中远两湾城走，经过昌里路桥，就到了莫干山路。走十多分钟。

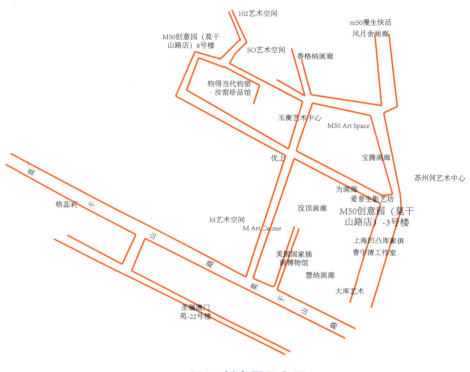

M50 创意园示意图

门票信息：免费。

最佳季节：四季皆宜。

开放时间：9:30—18:30。公共部分全天候开放。

香格纳画廊
ShanghART

这家画廊于1996年在上海成立，是中国最早出现的画廊之一。画廊开设宗旨是保证艺术的创新性和完整性，坚持用高品质来展示中国当代艺术作品。

这家画廊参加过许多国际有名的艺术博览会，同时也是中国唯一一家被选入《国际画廊：从战后到新千年后》一书的画廊。

六岛艺术中心
Island 6 Art Center

这是一家多媒体艺术中心，2006年由一位法国艺术家创立。中心成员包括艺术家、多媒体艺术家、策展人、作家、艺术评论家和工程师。 他们的作品特色在于作者和欣赏者的互动性，比如站在一个高处，就会有让你别跳楼的声音出现，很有意思。

漫生快活
More Life

这是一家上海最大的创意产品体验馆。在这里，你可以欣赏到1000多种具有独特魅力的、精致的、有创意的商品；在这里，如果你有兴趣，可以跟着老师学学怎么做陶艺；如果你逛累了，还可以在这里坐一坐、喝杯茶。快进去体验一下吧！

涂鸦墙
Graffiti Wall

涂鸦，是现代年轻人释放心灵的一种方式，他们用鲜艳的色彩和夸张的图形来表达自己的心灵世界。上海最长的涂鸦墙就在M50创意园区外围，绵延数百米，非常壮观。此地块正在建楼，快在它们即将消失前，去感受一下吧。

武康路
Wukang Road

7

推荐星级：★★★★☆

人文历史：★★★★☆

交通便捷：★★★★★

自然景观：★★★★☆

特色美食：★★★☆☆

　　武康路位于上海市徐汇区，原名福开森路（Route Ferguson），是用美国传教士"约翰·福开森"的姓命名的，1907年修建。武康路是浓缩了上海近代百年历史的"名人路"，武康路上有50多处历史建筑。2011年，武康路入选"中国历史文化名街"。

　　武康路长1183米，宽12~16米，整条路大致是南北方向，北边从华山路开始，可以看到清朝晚期大臣李鸿章的丁香花园，南边到淮海中路天平路、余庆路路口，对面是宋庆龄故居。两边都是梧桐树的武康路上有30多个名人旧居。路边西班牙式、法国文艺复兴式等风格的建筑很有特点，是上海中心城区最具有欧陆风情的街区之一。

　　现在，在武康路上除了能欣赏各种风格的建筑，还有很多具有个性和特点的商店和餐厅，这些商店和餐厅因为有了历史感显得更有情调。来来往往的汽车、露天的咖啡厅、特别的画廊、各种手工艺品商店，正在为武康路写下新的故事。

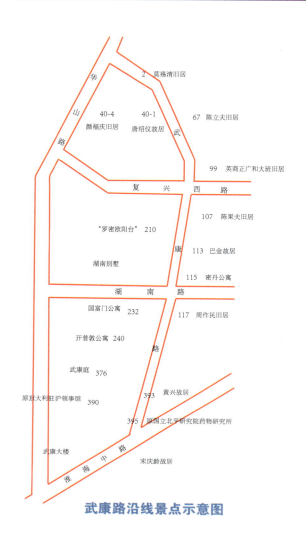

武康路沿线景点示意图

交通指南：

乘坐公交 26、911、920、926 路车至淮海中路武康路下。

乘坐地铁 10、11 号线至交通大学站下。

门票信息： 巴金故居免费，参观时间 10:00—16:00（周一闭馆）；宋庆龄故居成人票 20 元（团体票 16 元学生票半价），参观时间 9:00—16:30。

最佳季节： 四季皆宜，11—12 月最佳。秋季可以看到武康路的落叶景观。

特色美食： 各式下午茶、面包、甜点、西餐。

武康大楼
Wukang Building

武康大楼在淮海中路 1836—1858 号（武康路路口），原名"诺曼底公寓"。 1924—1925 年修建。楼高 30 米，这是当时霞飞路（即淮海路）附近最高的一座楼了。诺曼底公寓是上海最早的一座外廊式公寓。骑楼式通道是避雨的空间，可以方便行人通行和买东西。第三层上面都有阳台，既方便住户看街道风景，又丰富了这座楼的外观。第三层有三角形山花窗楣和花瓶式栏杆，透出古典式建筑的风格。

武康大楼是由 20 世纪 30 年代上海很有名的匈牙利建筑师邬达克设计的。1930 年后，他还设计了大光明电影院（1933 年）、国际饭店（1934 年）这两座现代主义新风格建筑。

巴金故居
Ba Jin's Former Residence

在武康路 113 号，这座三层的小洋楼保留了巴金先生在世时的原状。房间里的装饰和家具都是原来的样子。

巴金是中国著名的作家、文学家， 他被称为"人民作家"。从 1955 年 9 月，巴金全家从淮海中路的淮海坊搬到武康路 113 号居住，这里是他生活时间最长、写文章最多的地方。

在巴金先生的作品中，长篇小说《激流三部曲》的《家》《春》《秋》在中国现代文学史上最有名，而后期最重要的著作《随想录》，是巴金先生从 1977 年开始，连续 8 年，在武康路 113 号这座小楼里写成的。

唐绍仪故居
Tang Shaoyi's Former Redidence

武康路40弄1号的唐绍仪故居是1932年修建的。这栋房子是西班牙风格的独立式花园住宅，其门洞的装饰非常精美，是著名建筑师董大酉设计的。1937至1938年，民国第一任内阁总理唐绍仪（1862—1938）曾经住在这儿。

1938年，国民党军统在此谋杀了唐绍仪，是当时非常有名的一个政治事件。现在这座建筑已经成为民居。

徐汇老房子艺术中心
Xuhui Historical Architecture Arts Center

武康路393号是一座四层楼的带有古典主义装饰艺术派风格的花园住宅。它是中国近代民主革命家黄兴的故居，被称为"黄公馆"。现在这座楼部分是徐汇老房子艺术中心（武康路旅游咨询中心），部分是民居。

在这里可以看到很多上海各种建筑风格的模型，也有关于老建筑的照片展览，有时候还会有特别的展览。每月第一个周六都会有"漫游慢品武康路"活动，用讲故事的方式，由工作人员免费带领游客参观武康路的老房子。

多伦路文化街
Duolun Road

推荐星级：★★★★☆

人文历史：★★★★★

交通便捷：★★★★☆

自然景观：★★★☆☆

特色美食：★☆☆☆☆

　　在上海市中心繁华的四川北路上，有一条幽静的小街，名叫"多伦路文化街"。历史上曾有句话形容这里："一条多伦路，半个上海滩"。上海从开始的小渔村到20世纪30年代的十里洋场，直到如今的东方大都市，多伦路见证了上海的历史变迁。20世纪末21世纪初，上海市政府把多伦路建为"名人文化街"，再现了20世纪二三十年代上海的人文风情。

　　多伦路不长，只有短短的500多米，但你却能感受到深深的文化和历史底蕴。在这里，你能欣赏到众多风格不同的小巧宅院式建筑群，它们被誉为海派建筑艺术的"露天博物馆"；时不时地，你可以与或站或坐的文学大家鲁迅、茅盾、郭沫若等人的雕像"倾心交谈"；如果有兴趣，还可以走进收藏小店，看看老古董，跟老板砍砍价；走累了，那就去咖啡小店，品一杯香醇浓郁的咖啡吧。

交通指南：

乘坐地铁 3 号线，到东宝兴路站下，步行大约 10 分钟；或者乘坐公交车 70、97、597、132 路皆可到达。

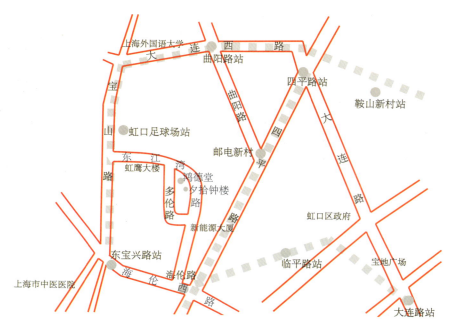

多伦路文化街景点周围路线图

门票信息： 免费。

最佳季节： 全年皆可。

鸿德堂
Hongdetang Church

鸿德堂是上海唯一一座中国宫殿式外形的教堂，是多伦路文化名人街的标志性建筑之一。

教堂设计打破传统的教堂建筑式样，屋顶采用中国传统的斗拱飞檐结构。1928年落成时取名"鸿德堂"。鸿德堂展示了多伦路文化名人街上中西合璧的文化魅力，1994年被评为上海市优秀历史建筑。

夕拾钟楼
Xishi Bell Tower

夕拾钟楼的楼名是从鲁迅（中国现代作家）的书《朝花夕拾》中来的。这座建筑在多伦路的中段，是多伦路的标志性建筑。楼顶有一座青铜大钟。顶楼还有一个机器人，是上海交通大学的高新技术产品，它具有电脑语音系统功能，能说话，会唱歌。

老电影
Old Film Cafe

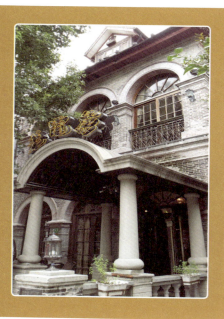

来到这里，千万别误解这是一家电影院。这是一家用"老电影"命名的咖啡馆。是一幢日本近代西洋式的三层小楼。这里的布局是老上海复古的风格，墙上悬挂有周旋、蝴蝶等很多昔日明星的照片，充满了怀旧氛围。在这里悠闲地喝喝咖啡、聊聊天，晚上还可以欣赏经典的黑白老电影，非常惬意。

名人雕像
Statues of Celebrities

20世纪二三十年代，鲁迅、茅盾、郭沫若等对中国当时社会产生过重要影响的文化人士，都曾在多伦路生活、工作、活动过。如今，这些文学巨匠的青铜雕塑，经过著名艺术家的精心塑造，又姿态各异、栩栩如生地重新"生活"在了这里。与他们擦肩而过、不期而遇时，仿佛时光又到了那让人难忘的年代。

龙华寺
Longhua Temple

9

推荐星级：★★★☆☆

人文历史：★★★★☆

交通便捷：★★★☆☆

自然景观：★★★☆☆

特色美食：★★☆☆☆

　　龙华寺地处上海市徐汇区龙华街道，是上海历史悠久、规模最大的古刹。传说龙华寺是三国时期吴国孙权为母所建，至今已有千年历史。龙华寺寺名来源于弥勒菩萨在龙华树下成佛的佛学典故。

　　进入寺庙，自中轴线上由南到北依次为弥勒殿、天王殿、大雄宝殿、三圣殿、方丈室、藏经楼共六进殿堂，其中后二进殿堂坐落在封闭庭院内。东西两侧分别有钟楼和鼓楼，钟楼、鼓楼分别置有一青龙铜钟和一直径为1.7米的大鼓。东西偏殿有观音殿，内置千手观音一尊，高大精致；另有罗汉堂。在三圣殿东有染香楼和牡丹园。

　　现每年最后一天，在龙华寺举行的迎新年撞龙华晚钟活动，吸引了众多海内外游客。这一活动已经被国家旅游局定为国家级旅游项目之一。

交通指南：

地铁 3 号线龙漕路站，地铁 11、12 号线龙华站（近龙华西路）。

公交 733、932、166、41、44、809、734、933、864、73、87、104、178 路车龙华站下。

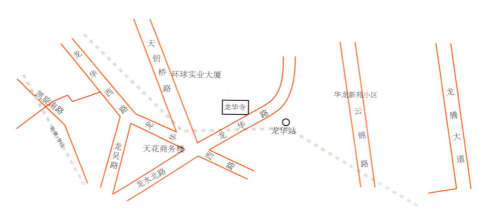

龙华寺周边道路示意图

门票信息： 10 元。

最佳季节： 平时开放时间 7:10—16:30，大年初一和十五 5:00—16:30。节假日期间游客较多，特别是新年春节期间有很多庙会活动和展览。

美食： 八宝素鸭、酸辣菜、三宝面、罗汉素面、吉祥面、龙华月饼、龙华素火腿。

龙华塔
Longhua Tower

在龙华寺正对面，被誉为沪城"宝塔之冠"。

塔身高40.6米，为七层八角，砖木结构。塔内壁呈方形，底层高大，逐层收缩成密檐。每层四面皆有塔门，逐层转换，塔内楼梯旋转而上，供游人登塔远眺。相传是三国东吴（222—265）孙权为孝敬他的母亲而建，故又名报恩塔。

天王殿
Hall of Heavenly Kings

龙华寺弥勒殿后边，第二进为天王殿。

天王殿内正中供奉着天冠弥勒，也就是弥勒菩萨在兜率天内院修行的本相。旁边是四大天王，弥勒佛背后是韦陀，面对着大雄宝殿。

钟鼓楼
Bell Tower and Drum Tower

龙华寺的天王殿东西两侧建有钟鼓楼。

钟楼三重飞檐，内悬青龙铜钟，钟声悠扬；鼓楼置一直径为1.7米的大鼓。

钟楼内供奉"大愿地藏王"，里面有幽冥三圣，当中是地藏王，左边是左胁侍道明，右边是右胁侍闵公。

鼓楼内供奉"护寺伽蓝"关羽，左边是关平，右边是周仓给他扛着青龙偃月刀。因为关羽是伽蓝神（佛寺保护神），所以这里他的脸是金色的，而不是平时人们看到的红脸关公。

大雄宝殿
Grand Hall

大雄宝殿是龙华寺内的主殿。

殿中供奉三尊金身"华严三圣"。正中是毗卢遮那佛，又称报身佛；左边是文殊菩萨，顶结五髻，身骑狮子，表示智慧威猛；右边是普贤菩萨，身骑白象，以示尊贵。

殿内还陈列一口明朝时期铸造的古钟。

世博园
Shiboyuan Shanghai Expo

10

推荐星级：★★★★☆

人文历史：★★★★☆

交通便捷：★★★★☆

自然景观：★★☆☆☆

特色美食：★★★☆☆

　　上海世博园是 2010 年上海世博会的会场。2010 年，首次在发展中国家举办的世博会令世人瞩目，也令上海这座国际化都市更加充满魅力。这次世博会即第 41 届世界博览会，主题是"城市，让生活更美好"，于 2010 年 5 月 1 日至 10 月 31 日在上海举行，190 个国家和 56 个国际组织参展。这是一次全球经济、科技、文化交融的"奥林匹克"盛会，传递了全人类推广可持续城市发展的理念，寄托了人们对美好城市生活的向往和追求。世博园在南浦大桥和卢浦大桥之间，场馆分布在黄浦江两岸，总面积达 5.4 平方千米，宽广开阔，5 条轨道交通均可到达。整个世博园的设计都遵循"和谐"理念，园内建筑处处体现了"绿色世博，生态世博"。"和谐"理念是古老中国文化的一部分，也是世界博览会举办的主要意义。

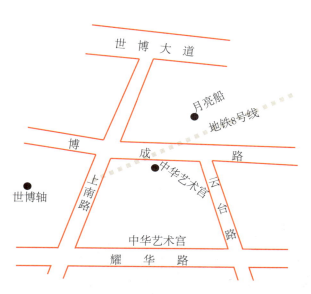

世博园附近交通示意图

<<<

交通指南：

乘坐地铁8号线到中华艺术宫站下，步行5分钟即到。

门票信息： 目前展馆只有中国馆、意大利馆和沙特馆开放。最热门展馆是中国馆，开放时间10:00—18:00(17:00停止入场)(周一闭馆)，节假日除外，可免费参观。部分特展项目需要收费，普通票20元，全日制本科学历及以下学生可持有效证件享受半价票。

最佳季节： 上海最佳旅游季节是每年的春秋两季，即3—6月、10—11月，这段时间不冷不热，非常舒适。游人可以赏花，而且金秋10月还可以品尝鲜美的大闸蟹。

人气景点： 中华艺术宫，上海市浦东新区上南路205号(近国展路)。

中华艺术宫
China Art Museum

世博会结束之后，中国国家馆被作为永久建筑保留下来。此后，上海美术馆迁入，2012年10月1日，中国国家馆以一座美术展览馆的面貌重新开放，迎接四方宾客。它正式更名为"中华艺术宫"。它的展示面积达70000平方米，分为四层，拥有35个展厅。馆内陈列着近万件近现代美术作品，收藏了大量中国著名画家的画作和书法，也经常举办来自世界各地的名家画展。除了陈列的艺术精品和举办的各种展览外，中华艺术宫的建筑艺术也精湛别致，富有中国传统文化特色，成为现代都市的一道亮丽风景。

世博源
The River Mall

世博源原来是上海世博会期间的世博轴，现在是一个大型商业中心。这里既可以购物休闲，也可以观光旅游。世博轴在世博园区中心，地上地下各两层，南北长约1100米，旁边有中华艺术宫、奔驰文化中心、世博展览馆等重要景点。这里有6个外形像盛开的喇叭花的建筑，创造出了舒适绿色的地下生活空间。江河流水是世博源空间设计的主题，商场内部自然景观处处可见，仿佛一座地下公园，充满了自然与艺术的气息。

月亮船
Moon Boat

月亮船是上海世博会的沙特馆。它曾经是世博会期间最具人气的场馆之一，观众在酷热的天气下创下排队长达9小时的记录。2011年5月，沙特政府将展馆赠与中国。此后，上海世博发展有限公司委托经营，因其建筑外形及设计理念，更名为"月亮船"。如今，展馆依旧原汁原味地保留了世博会期间沙特馆的展示内容，包括屋顶花园、珍宝剧场和艺术走廊等，向游客生动地展现了沙特的历史、文化和风俗。枝繁叶茂的枣椰树形成了一座空中花园，象征中沙两国的深厚友谊。

梅赛德斯奔驰文化中心
Mercedes-Benz Arena

梅赛德斯奔驰文化中心即世博会期间的世博文化中心。它地处黄浦江南岸的世博核心区，造型独特，曲线优美，像一只飞碟。世博会期间，它承担了各类演出和活动，满足了世博会大型文艺演出需求。它的中心拥有一个18000座的主场馆，同时拥有音乐俱乐部、电影院、溜冰场、餐厅、NBA互动馆，以及近20000平方米的商业零售及文化休闲区域。作为国内首个可变容量的大型室内场馆，它既能举行大型庆典、演唱会，又能举办篮球、冰上表演等活动，是一座一流水准的现代演艺场馆，也是上海的一座文化新地标。

上海纺织服饰博物馆
Shanghai Museum of Textile and Costume

11

推荐星级：★★★☆☆

人文历史：★★★☆☆

交通便捷：★★★★☆

自然景观：★☆☆☆☆

特色美食：☆☆☆☆☆

上海纺织服饰博物馆在东华大学延安西路校区（延安西路1882号）内，是了解中国纺织服饰历史文化和科技知识的好地方。现在，它是上海市科普旅游示范基地和来华留学生中国文化体验基地。

这里有科普馆、古代馆、近代馆和少数民族馆4个展厅，其中科普馆和近代馆很有特色，值得一看。科普馆在一楼，它通过实物和高科技手段展示纺织服饰的产业链和特色环节。互动展区集中了纺、织、染及设计等多个互动活动，比如电脑刺绣、喷墨印花、手绘T恤、盘扣制作、首饰DIY、装扮顾问、数字化拼接等。近代馆在三楼，主要有近代中国纺织服饰的实物和图片，分为女装、男装和童装三部分。其中，男装部分的龙袍是该馆的珍品，女装部分的小脚鞋和童装部分的百家衣、太保坎肩也很有历史文化价值。二楼的古代馆主要以图片为主，介绍中国历史上各个时期的织物、纺织器具和服饰的变化。三楼的少数民族馆也是以实物场景、图片等展现了少数民族的纺织工艺和服饰风貌。

纺织服饰博物馆交通示意图

‹‹‹

交通指南：

地铁3、4号线到延安西路站，步行5~10分钟到达东华大学。925、127、954、224路等公交车到天山路站，步行几分钟即可到达。

门票信息： 免费，周一闭馆。

最佳季节： 室内场地，四季都合适。建议有特展的时候来参观，一般每年春季"上海时装周"期间会有特色展览。具体信息可以查看 http://web.dhu.edu.cn/mtc/ 。

知名藏品： 绛红色刺绣龙袍、民国手帕、肚兜、胡王牵驼锦。

科普馆
Hall of Popular Science

纺织和服饰是人类生活的根本。我们对它们的认识可能只在于纺纱织布和衣服等。该馆除了介绍纤维、纱线、织物、染整、服装等现代纺织服饰产业以外，还展示了这些产品在医疗、建筑和航空航天等各领域的应用。展馆通过展示、动手、体验等多种方式，让参观者对于纺织服饰领域的各个方面及其应用有直观和深入的认识。如需工作人员指导盘扣制作，需要提前预约。

古代馆
Hall of Ancient Times

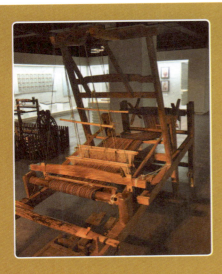

纺织服饰在人类文明发展史上占有举足轻重的地位。该馆根据历史朝代的顺序介绍了中国纺织服饰发展的古代历程。从早期的兽衣到曲裾袍、到素纱禅衣、再到缂丝等等，还有各种纺织器具，这一系列照片、复制品和实物展现了中国在纺、织、染各个领域的成就和发明。这不仅是一个国家政治、文化、艺术的反映，也是科学技术的展现。

近代馆
Hall of Modern Times

近代包括晚清和民国两个阶段，即从鸦片战争到中华人民共和国成立（1840—1949 年）。本馆主要展示了近代纺织服饰实物，并附以少量图像资料。展览内容分为女装、男装和童装三部分。展品以中国传统服装为主，还有一些饰品、装饰、历史资料等。衣服的面料基本涵盖了当时的织物种类。这一时期，传统织造技术和复杂华丽的服饰制度受到西式面料、纹样和剪裁方式的冲击，出现了从传统服饰到现代服饰的转变。馆藏的多件龙袍是这里的镇馆之宝。

少数民族馆
Hall of Minority Ethnic Groups

中国是一个多民族国家，不同民族在漫长的历史进程中，发展出了有自身特点的纺织服饰产品。这些有着丰富历史积淀的少数民族工艺品大多绚丽多彩，保留了传统技艺和织法，往往是其族群特征文化符号的体现。少数民族纺织与服饰保存了大量的历史文化信息，是文化人类学中的一份宝贵遗产。本馆通过实物、图片、场景及其与多媒体相结合的方式，展示了部分少数民族的纺织工艺和服饰风貌。

七宝古镇
Qibao Ancient Town

12

推荐星级：★★★☆☆

人文历史：★★★☆☆

交通便捷：★★★★★

自然景观：★★★☆☆

特色美食：★★★★☆

　　七宝镇在上海市西南边，是一座既有江南水乡自然风光，又有悠久人文历史的古镇。七宝镇因为寺庙而得名。根据史书记载，公元1008年，皇帝为这里的寺庙起名为"七宝教寺"，从此七宝镇建立了。慢慢的寺庙周围开始形成市场，人气越来越旺。元末明初七宝镇已经发展到一定的规模。

　　现在的七宝古镇以七宝老街为中心，占地约86亩。七宝中心广场是标志性建筑，还拥有钟楼广场、蒲溪广场、古戏院等群众文化活动场所。七宝老街在七宝古镇的新街青年路旁，街分为南北两大街，南大街以特色小吃为主，北大街以旅游工艺品、古玩、字画为主。整条街有古色古香的建筑等。七宝老街有点像城隍庙，但是小吃比城隍庙集中。每年，七宝老街都会举办食品类的节庆活动。

　　七宝古镇已成为集休闲、旅游、购物为一体的繁华街市。优美的风景、优越的地理位置以及便宜的价格，使七宝成为上海周边游玩的好去处。

交通指南：

乘坐公交车 803、513、87、91、92 路及莘北专线等七宝站（或富强街）下，或者在上海旅游集散中心乘坐旅游 1 号线也可到达。

乘坐地铁 9 号线至七宝站下。

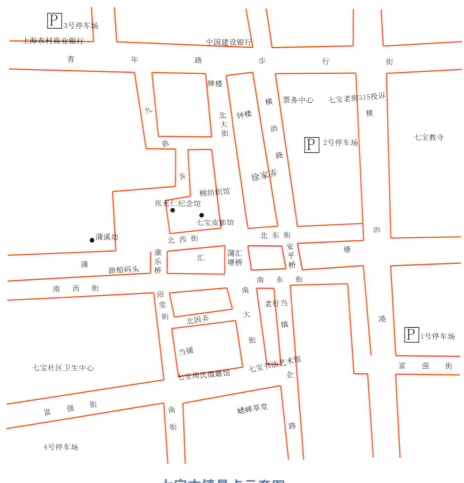

七宝古镇景点示意图

门票信息： 免费。景区内景点门票，联票 30 元，单景点票 5~10 元不等。

最佳季节： 四季都可以。

特色美食： 酒酿糟肉、七宝方糕、七宝羊肉、汤团。

七宝教寺
Qibao Temple

传说西晋松江著名的文学家陆机、陆云兄弟被司马颖杀害，后人修建了祭祀他们的寺庙，名为"陆宝祠"。吴越王钱镠送了金宝莲花经，加上原来的宝物一共7个，因此改名为七宝教寺。距今有1700年。

后来的几百年间，寺庙被毁，今天的七宝教寺是2002年重建的，是汉唐建筑风格。建筑朴素大方、庄严肃穆，总体上分寺、园两部分。有教寺桥、正山门、钟鼓楼、天王殿、大雄宝殿、经堂、法堂、藏经楼、六十星宿长廊、宝塔和慧心花园。

门票平时5元，逢初一、十五为15元。

老行当
The Old Trades

七宝老行当馆占地500平方米，展览了许多传统的老行当，如弹棉花、铁匠、铜匠、木匠、编匠、裁缝铺、扎匠、制秤、算命等；沿街吆喝的扎匠、铁匠、爆米花、弹棉花等行当，还有逼真的蜡像。

时代发展非常快，虽然许多老行当现在还在延续，但是因为技术的发展，减少了很多人力和物力，人们看到的就少了，而有一些老行当已经成为了历史。

棉纺织馆
Cotton Textile Mill

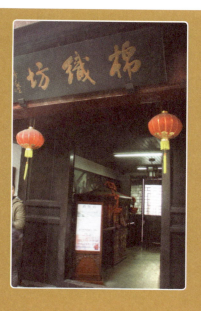

明、清时期，七宝属于松江府，是"衣被天下"的主要地区。棉纺织馆展览以植、收、纺、织、染为主线，全面介绍了七宝的棉纺织业，仿真人像还原了当时的劳动情景。馆里还设有"喜堂"，摆设了很多古旧物品，重现了民间婚礼风俗的场景。游客还可以参加婚礼活动的表演。

七宝当铺
The Pawn Shop

清朝道光年间，在七宝老街设有很多当铺，因此这里成为松江金融活动的重要场所。七宝当铺馆重现了传统当铺的场景，模拟当铺经营活动，表现了古代七宝商业文化的风情。游客在这里也可以感受或参与经营活动表演。

松江 – 佘山
Songjiang—Sheshan

13

推荐星级：★★★★☆
人文历史：★★★★☆
交通便捷：★★★★☆
自然景观：★★★★☆
特色美食：★☆☆☆☆

　　佘山在松江区西北部，离上海市区 30 千米。佘山从东北向西南有北竿山、凤凰山、玉屏山、厍公山、东佘山、西佘山、辰山、钟贾山、天马山、小机山、横云山、小昆山等大小 12 座山峰，共有 13 千米，山地总面积 401 公顷。中国以"九"为大，而松江还被叫做"云间"，所以又称为"云间九峰"。在历史上佘山最著名，所以把其中的九座山峰统称为佘山地区。

　　佘山分东佘山和西佘山，海拔分别是 100.8 米（2004 年前标定为 99 米）和 97 米，是上海的后花园和著名市郊风景区。现在建有佘山国家森林公园，山上有著名的天主教朝圣地——佘山圣母大教堂、道教朝圣地——东岳行宫和朝真道院、中国第一座天文台——佘山天文台，还有秀道者塔、佘山地震基准台、佘山月湖等景点。

　　整体来说，佘山环境优美，适合空闲时间去休闲放松。

交通指南：

地铁 9 号线至佘山站，出站后可乘坐多辆公交车 3~4 站即可到达。公交车有 92 路、松青专线、沪陈专线等。

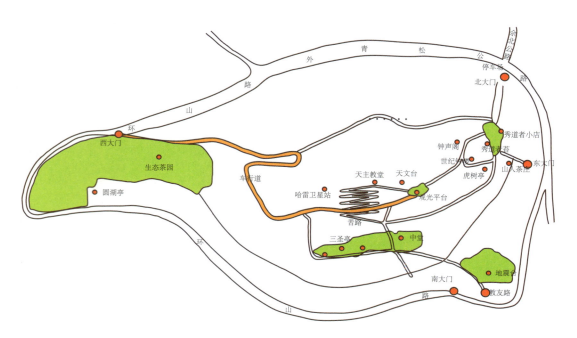

佘山国家森林公园景点示意图

门票信息： 佘山国家森林公园免费，但需至门口领票，刷票进入。

除了天文博物馆门票 12 元（70 岁以上老人及学生凭证 8 元）以外，其他景点不需要门票。

开放时间： 8:00—16:30。

最佳季节： 春秋最佳。

知名特产： 上海龙井。

佘山国家森林公园
Sheshan National Forest Park

公园在上海市郊西南松江内，为国家4A级旅游景区。公园分为东佘山和西佘山两部分，面积约6000平方米，是上海市唯一的以山林资源为主的旅游区。这里森林环境优美，植物资源丰富。佘山是上海科普教育的基地，也是上海居民休闲健身的好去处。2012年，被评为全国"最具影响力森林公园"。

秀道者塔
Xiudaozhe Tower

秀道者塔也被叫做月影塔、聪道人塔。在佘山山腰间。塔高29米，造型秀美，修长俏拔，历经千年依旧巍然耸立，是佘山最著名的古迹之一。1961年被国务院认定为全国重点文物保护单位。这里山清水秀、胜迹如林，唐宋诗人王勃、杜甫等文人墨客都非常喜欢这里，留下了不少名篇佳作。

佘山天文台
Sheshan Observatory

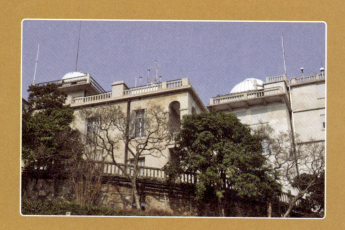

天文台在西佘山的山顶，最早建于清代，是由法国天主教耶稣会建造的，所以具有欧洲建筑风格。天文台占地面积8000余平方米，是我国最早的现代意义上的天文台，也是我国运用新技术参加国际地球自转联测的单位。

佘山圣母大教堂
Sheshan Catholic Church

大教堂在西佘山之顶，被称为"远东第一大教堂"，包括中山教堂和山顶大堂两座。大教堂既融汇了希腊、罗马、哥特式多种建筑风格，又结合了中国传统建筑手法，整体建筑呈拉丁式十字形，充分体现了建筑美学上

对称中不对称的美感。大教堂与佘山浑为一体，堂红山绿，相映成辉。1942年，被罗马教廷敕封为"乙等大殿"，即仅次于罗马教廷大殿的第二等大殿，是中国天主教徒在东南沿海的主要朝圣地。

苏州河
Suzhou River

14

推荐星级：★★★★☆

人文历史：★★★★☆

交通便捷：★★★☆☆

自然景观：★★★★☆

特色美食：☆☆☆☆☆

　　苏州河就是吴淞江的上海段，民间一般认为是从上海市区北新泾，到外白渡桥东侧入黄浦江的这一段。

　　苏州河沿岸是上海最初形成发展的中心，产生了几乎大半个古代上海，后来又用了100年时间发展成为国际大都市上海的河水景观。苏州河下游近海处称为"沪渎"，是上海市简称"沪"的命名来源。

　　苏州河两岸有着老工业建筑及其相关的商业物流服务建筑，是上海近代民族工业发展的最好见证。它们的功能布置、建筑形态、工程材料、细部装饰中，有着丰富的经济、科技、社会等多方面的信息与价值，向今人、后人展示着上海的城市历史文化。其中，许多建于20世纪初甚至19世纪的产业建筑，至今仍完好地保留着。

交通指南：

地铁 10 号线到天潼路站下，步行至外白渡桥，可以沿河步行观光；也可以选择参加苏州河旅游公司提供的坐船半日游、一日游、定班轮、包船等付费活动项目。

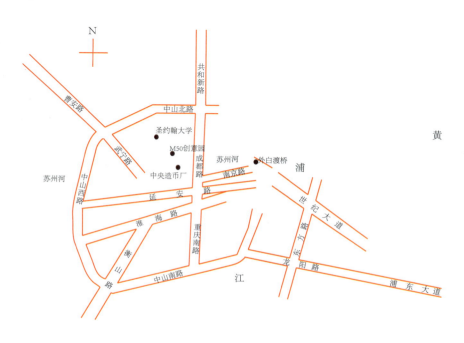

苏州河沿线交通示意图

门票信息：步行免费。游船价格可咨询苏州河旅游公司，电话 4008-800-862。

最佳季节：春、秋季。欣赏夜景更美。

人气景点：苏州河十八弯、外白渡桥段。

外白渡桥
Garden Bridge

外白渡桥是旧上海的标志性建筑之一。位于苏州河下游河口，架在中山东一路、东大名路之间的苏州河河段上。这座桥有着超过 100 年的历史，见证了很多历史事件。如今，交通穿行已不再是其主要功能，它乐当观景台，每天让中外游客架起相机，对着周边风景拍照留念。在很多上海人的心中，外白渡桥是童年上海的象征。

M50 创意园
M50 Creative Garden

M50 创意园位于苏州河南岸的莫干山路 50 号，拥有自 20 世纪 30 年代至 90 年代各个历史时期的工业建筑，是目前苏州河畔保留最为完整的民族纺织工业建筑群。现在已有 20 个国家和地区的 140 个艺术家工作室、画廊、高等艺术教育及创意设计机构入驻园区，展现着时尚、艺术的创意风景。

中央造币厂
The Central Mint of China

中央造币厂即现在的上海造币厂，位于光复西路17号。它于1922年开始建造，1930年竣工，占地面积7958平方米。现存原铸币厂房（办公楼部分）、水塔、辅助仓库、原厂门门柱等历史建筑。

铸币厂房1922年建造，仿美国费城造币厂样式，建筑面积4456.84平方米，钢筋混凝土结构，中部三层，两端二层；入口门廊高二层，以爱奥尼克柱支承，上饰三角形山花；方形门窗，汰石子外墙。1994年被列为上海市第二批优秀历史建筑。

圣约翰大学
Saint John's University

1879年成立时定名为圣约翰书院，1881年学校开始完全用英语授课，成为中国首个全英语授课的学校。1905年更名为圣约翰大学，是中国第一所现代高等教会学府。

圣约翰大学是在华办学时间最长的一所教会学校。该校校友影响甚至改变了中国乃至世界近现代多个领域的历史。入读者多是政商名流的后代或富家子弟，而且拥有很浓厚的教会背景。

1952年院系调整，圣约翰大学被解散，各学科分别被并入上海多所高校，校址划归华东政法学院（今华东政法大学长宁校区）。

中国武术博物馆
Chinese Martial Arts Museum

15

推荐星级：★★★★☆

人文历史：★★★★☆

交通便捷：★★★★☆

自然景观：★☆☆☆☆

特色美食：☆☆☆☆☆

  中国武术博物馆在上海体育学院里面，这里是世界上第一家全面展示武术历史与文化的博物馆。

  该馆从2005年开始建造，经过多次改造，目前有展示面积2500平方米，由拳械厅、历史厅、临展厅和"科学看武术"等展厅构成。它的展示内容主要以中国的国粹"武术"为主题，以"弘扬传统文化，传承民族精神"为建设理念，从现有数千件藏品中挑选出精品，结合文献、图片资料及多媒体展示手段，全面展示了中华武术的博大精深。在这里，中国武术不再是抽象的、扑朔迷离的，而是可以感受的一个个真实的故事。

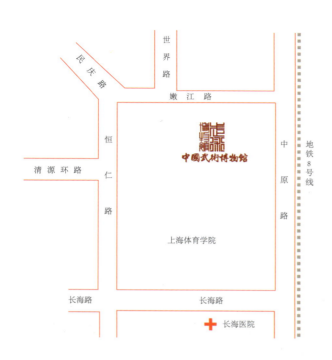

◀◀◀

交通指南：

地铁8号线到嫩江路站下，往西走50米。公交车537、538、854、942、842、61路，长海医院站下。

上海市长海路399号上海体育学院内（长海医院对面）。

中国武术博物馆周边交通示意图

门票信息：免费。周二到周六 9:00—16:00（15:30 停止入场）；周一、周日闭馆。

最佳季节：室内参观，四季都比较适合。

知名藏品：唐代武士俑、将军复合剑、汉画石像。

拳械厅
Boxing Hall

拳械厅展示了很多冷兵器。在这里可以看到各种清代兵枪和先秦时期的青铜兵器，比如剑、刀、矛、斧、钺、戈等。在这里参观好像回到了古代。一块块石板上介绍的是各类武术拳种，在电子显示屏中也可以找到各类拳术的视频，让参观者非常直观地了解各项武术运动的特点。

历史厅
History Hall

按照武术历史发展脉络，历史厅通过图片、文字、影视、多媒体等多种展示手段，介绍了从原始社会、夏商春秋、秦汉三国、魏晋南北朝、唐宋元明清，再到民国、新中国和现当代的武术发展历史。

临展厅
Temporary Exhibition Hall

临展厅展示了上海体育学院武术学院的发展历程，以及在人才培养、运动竞赛、教育教学方面取得的成果，展示了参与中国武术博物馆建设的师生风采。

科学看武术科普互动展厅
Interaction Hall

这里有许多互动体验项目，比如桩上飞步、眼疾手快、玄妙利器、挪移乾坤、大师论武、点穴神功等，运用新颖、科技含量较高的展示手段，展示了武术的博大精深，让观众在参与中体会武术的科学知识。

上海中医药博物馆

Shanghai Museum of Traditional Chinese Medicine

16

推荐星级：★★★★☆

人文历史：★★★★☆

交通便捷：★★★☆☆

自然景观：★★☆☆☆

特色美食：☆☆☆☆☆

　　上海中医药博物馆在上海中医药大学浦东校区（张江蔡伦路1200号）内，是了解中医和中药的好地方。现在它是全国、上海市、浦东新区科普教育基地，上海市科普旅游示范基地，上海高校民族文化博物馆，浦东新区爱国主义教育基地。

　　上海中医药博物馆成立于2003年，前身是创建于1938年的中华医学会医史博物馆。经过8个多月闭馆整修，2016年5月上海中医药博物馆重新迎客。馆内设有8个展区和科普活动室，并建有图书资料室、多功能讲演厅、文物库房、多媒体演示教学设施等。原始医疗活动馆介绍了远古时代的人类进化中，医疗卫生活动的起步。古代医卫遗存馆中，用甲骨文和古画展现了古人对防病治病、个人卫生和环境卫生的重视。历代医事管理馆介绍了中国历史上医事制度的发展。历代医学荟萃馆中展品众多，展示了历史上中医的辉煌发展。养生文化撷英馆介绍了香薰、丹药和气功等方面的养生方法。近代海上中医馆介绍了清末民初上海中西医学交流融合的情况。本草方剂鉴赏馆收藏中药标本和中成药3000多件，介绍中药形态、功效，传播中药科学知识。在当代岐黄新貌馆里，采用现代信息科技手段展示脉象、针灸的科学依据，揭示了中医药学的科学内涵。博物馆旁边还有一个百草园，园中种植中草药600余种。

交通指南：

1. 乘地铁 2 号线到张江站，5 号口出，转乘张江有轨电车到蔡伦路金科路站（上海中医药大学南大门）。

2. 乘 609 路公交车到蔡伦路华佗路站（上海中医药大学南门）。

3. 乘大桥六线、大桥五线到华佗路上海中医药大学站（西门）。

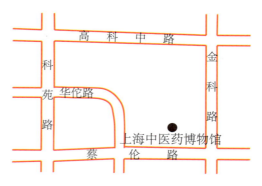

上海中医药博物馆周边交通示意图

门票信息：15 元，团体票 12 元（10 人以上为团体票），周一闭馆。

最佳季节：室内场地，四季都合适。具体信息可以查看 http://www.shutcm.com/shutcm/bowuguan/。

知名藏品：针灸铜人、神农象牙雕像、清代十二生肖瓷药瓶、炼丹铜炉。

历代医事管理馆
Hall of Ancient Medical Practice Management

早在西周时期，中国就有了较为完善的医事制度，建立了一整套组织，实施医巫分业、医学分科和医师考核管理，为后世的医政管理奠定了基础。自隋唐开始，先后设置了太医署、医官院、太医局、惠民局、太医院、

官医提领所等中央或地方性医政管理和医疗机构，为医学发展发挥了积极作用。该馆模仿太医署的场景，给游客直观地介绍了世界上较早的由政府开办的医药院校。

历代医学荟萃馆
Hall of Well-Known Doctors, Medical Classics and Firsts

中医学的发生与发展深受中国古代哲学、宗教、艺术和科技的影响。该馆根据历史朝代的顺序介绍了中医各流派的成就。在该馆，你可以看到很多历史上有名的中医药大师的雕塑和介绍，如扁鹊、张仲景、华佗、孙思邈、李时珍等，还展示了很多中医治疗的器具，其中针灸铜人是中医药博物馆的镇馆之宝。中医学在丰富自我的同时，也促进了世界其他医学的发展。

本草方剂鉴赏馆
Hall of Herbal Formulas

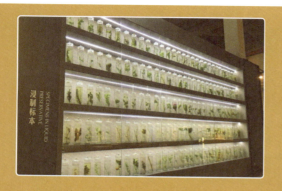

"本草"是中药的统称，"方剂"为很多药物搭配组合的药方。人们在长期的生活和医疗实践中积累了丰富的方药知识，保存在历代医药典籍和民间经验中。该馆展示了千余种中草药植物、动物标本和常用中成药，包括很多名贵药品，还用高科技手段再现了近代上海中药房的热闹景象。在这里你不仅可以看到各种中草药形态，还可以闻一闻各种中药的味道，以及参观药效不同的药袋和药方。

当代岐黄新貌馆
Hall of Present-Day Chinese Medicine

传说中黄帝、岐伯是医学始祖，所以中医药学又被称为"岐黄"。在该主题馆中，不仅展示了新中国成立后中医药研究和教学等方面取得的成就，还用一些仪器展现了现代科技与传统中医保健、医疗技术的融合。观众可以通过互动体验，了解经络穴位、脉象、舌诊等中医诊断方式。

崇明岛
Chongming Island

17

推荐星级：★★★☆☆

人文历史：★★★★☆

交通便捷：★★★☆☆

自然景观：★★★★☆

特色美食：★★☆☆☆

　　崇明岛在上海市北面的长江口，是中国第三大岛，也是中国最大的河口冲积岛，中国最大的沙岛。

　　传说东晋末年，孙恩农民起义失败后，起义军的几排竹筏飘浮到了靠近东海的长江口。这些竹筏拦住了长江带来的泥沙，慢慢形成了一个沙嘴。这片沙嘴随着江水海潮的涨落，有时隐藏、有时出现，给人一种神秘的感觉。人们说它既"鬼鬼祟祟"、又"明明显显"，于是便给它起了名字叫"祟明"。后来这片沙嘴泥沙越来越多，变得又高又大，完全露出了水面，形成了一个小岛，再也不受潮涨潮落的影响了。人们看到泥沙的气势壮观，有了一种崇敬的感情。所以，人们便把"祟明"称为"崇明"了。

　　岛上有很多的历史名胜和人文景观。有面向江水的瀛洲公园，千姿百态的城桥镇澹园；还有金鳌山、寿安寺、孔庙、唐一岑墓、明潭、郑成功血战清兵的古战场遗址等；有华东地区最大的人造森林——东平林场。崇明三岛划分为七大功能区，每个功能区的资源特色不一样、发展方向也都不一样。崇明岛和别的岛屿比较，有三个特别的景色：一是螃蟹多；二是海滩有很多芦苇，被称为"环岛绿色长城"；三是岛的形状一直处于迅速变化的过程中。

交通指南：

轮渡：乘坐地铁3号线到宝杨路下车，坐出租车到宝杨码头，坐轮渡约40分钟到达；也可以从吴淞码头和石洞口码头坐船往崇明岛。

公交：乘坐地铁1号线到汶水路站，在汶水路枢纽站坐申崇1线可直达崇明；或者在上海科技馆坐申崇2线到达；还有申崇3~6线都可以到达。

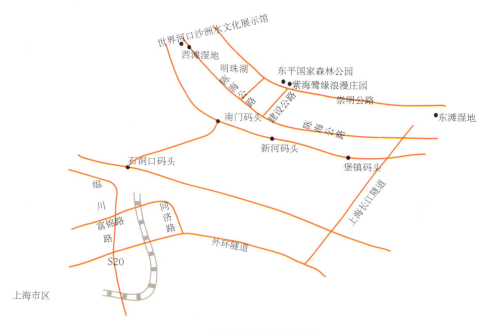

崇明交通示意图

最佳季节：5—11月是最佳旅游时间。春秋两季，崇明岛鸟类很多，是观鸟、赏油菜花的好时间。夏季去崇明岛，可以避暑、看星星、欣赏薰衣草、烧烤。秋季气候温和湿润，还可以吃海鲜。

知名藏品：崇明糕、崇明老毛蟹、崇明老白酒、崇明白山羊、崇明金瓜等。

东平国家森林公园
Dongping National Forest Park

公园在崇明岛的中北部，是华东地区最大的平原人工森林，上海有名的旅游胜地，全国农业旅游示范点。公园里森林繁茂，以"幽、静、秀、野"为特色，是人们"回归大自然"的最佳之地。主要旅游服务设施有样子特别的"蟹"房式多功能休闲游客中心、500平方米的水上游乐园、具有崇明特色风味的森林酒家、野外帐篷、森林吊床、2万平方米的沙滩游泳场、青少年野营基地等。特色项目有森林滑草、攀岩、森林高尔夫练球场、网球场、沙滩排球场、野外烧烤、森林日光浴、森林童话园，以及增强团队合作精神的森林定向活动等。

门票：70元。

紫海鹭缘浪漫庄园
Chongming Island Lavender Garden

紫海鹭缘浪漫庄园在东平国家森林公园东侧800米（北沿公路2018号），是中国第一家以浪漫交友与绿色身心运动为主题的景观创意农场，占地200亩。在这里，你可以参加浪漫交友、绿色运动、生态休闲、DIY趣味种植、香薰养生餐饮等有意思的活动。每年5月20日到6月20日是上海薰衣草节。

门票：30元。

西沙湿地公园
Xisha Wetland Park

西沙湿地公园在崇明岛西边，是长江边的一处河滩。这里很适合观看潮水、寻找鸟类、欣赏日落。这里有 2000 多米长的木栈道，走在芦苇丛中的栈道上，可以看到长江河滩的风光。湿地上长满了芦苇和其他植物，向远处看，茫茫的一片绿色海浪，非常优美。在西沙湿地还能看到自然潮汐现象，涨潮时栈道几乎贴着水面，退潮时露出滩面，十分有趣。湿地一直以观鸟胜地出名，这里栖息着大量鸟类，每年 11 月到第二年 3 月是观鸟的最好季节。西沙湿地还是观看日落的好地方。

前卫生态村
Qianwei Ecological Village

崇明前卫村离南门港 23 千米，在东平国家森林公园旁边。它是上海最早发展农家乐旅游的村庄之一，也是崇明最出名的农家乐聚集地。前卫村树木茂盛、鸟语花香，就像桃花源一样，来这里体验农家生活、品尝农家菜的人络绎不绝。

在前卫村，你还可以游览凝洲古村，观看农家纺纱织布；在鸳鸯楼体会民俗风情，观看古时的婚礼以及"抛球择婿"的节目；去鱼塘钓鱼，或者在游客自种园体验男耕女织的生活。

门票：60 元。

枫泾古镇
Fengjing Ancient Town

18

推荐星级：★★★☆☆

人文历史：★★★★☆

交通便捷：★★★☆☆

自然景观：★★★☆☆

特色美食：★★★★☆

　　枫泾古镇是中国历史文化名镇，位于上海市西南。历史上，它因地处吴越交汇之处，素有吴越名镇之称；如今，它与沪浙五区县交界，是上海通往各省的最重要的"西南门户"。枫泾为典型的江南水乡古镇。古镇周围水网遍布，镇区内河道纵横，桥梁有52座之多，现存最古的为元代致和桥，距今有近700年历史。

　　镇区规模宏大，全镇有29处街、坊，84条巷、弄。至今仍完好保存的有和平街、生产街、北大街、友好街四处古建筑物，总面积达48750平方米，是上海地区现存规模较大、保存完好的水乡古镇。

　　枫泾镇成市于宋，建镇于元，是一个已有1500多年历史的文明古镇，地跨吴越两界。枫泾镇为典型的江南水乡集镇，周围水网遍布，区内河道纵横，素有"三步两座桥，一望十条港"之称。镇区多小圩，形似荷叶；境内林木荫翳，庐舍鳞次，清流急湍，且遍植荷花，清雅秀美，故又称"清风泾""枫溪"，别号"芙蓉镇"。

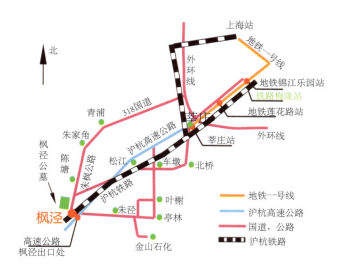

枫泾交通示意图

交通指南：

乘坐地铁，换乘到地铁1号线锦江乐园站下，从1号口出，在梅陇公交站乘坐枫梅线到枫泾牌楼站下。公交车全程约1小时。

门票信息：成人票50元，学生（凭有效证件）半票25元，1.3米以下儿童免票。如参观"中国农民画村"须另购门票30元。

最佳季节：3—5月和9—10月最佳。春季风和日丽、春暖花开，最适合郊外踏青；秋季秋高气爽，也是不错的选择。

知名特产：枫泾黄酒、枫泾丁蹄、枫泾豆腐干、枫泾状元糕。

金山农民画
Villager's Drawing Art

　　枫泾文化发达，是蜚声中外的金山农民画的发源地。枫泾人民热爱生活，蓝印花布、家具雕刻、灶壁画、花灯、剪纸、绣花、编织等民间艺术源远流长。浓郁的民间文化艺术孕育了金山农民画，以枫泾农民画家为主的金山农民创作出了乡土气息浓郁、艺术风格独特的金山农民画，在海内外产生了广泛的影响。

　　除了在枫泾景区参观外，也可以前往坐落于中洪村的"中国农民画村"参观，画村靠近朱（家角）枫（泾）公路，距枫泾镇区约4千米，乘坐出租车可在10分钟之内到达。

桥和庙
Bridges and Temples

　　古镇水网遍布，镇区内河道纵横，桥梁众多，素有"三步两座桥，一望十条港"之称。沿河古街绿树成荫，古镇水巷幽静；39座古石桥横跨河上，其中元代建1座、明代建11座、清代建21座。

　　明代建的瑞虹桥坐落于虹桥河口，清康熙初在此发生过被称为"中国最早的工人罢工运动"的"虹桥血案"。

　　枫泾桥多、庙宇多、名人多、里弄多，河道20多条，古桥50多座，庙宇30多处，形成了"桥连庙、庙里桥"特有的古镇景观。

人民公社旧址
Former Site of People's Commune

枫泾人民公社旧址是上海近郊保存得较为完整的人民公社旧址，里面不仅有当年所使用的办公室，在后院还有毛泽东像章纪念馆、挖建于 1971 年的防空洞，以及米格 15 飞机和 57 高射炮，展品非常丰富。

人民公社是 1958—1982 年在中国农村广泛推广的以公有制为基础的社会组织形式，是中国社会发展过程中的一段曲折的过程。其特征是各生产队建立集体公共食堂，"吃饭不花钱"。

丁聪漫画陈列馆
Ding Cong Comics Gallery

丁聪是我国现代最负盛名的漫画家之一，他以"小丁"署名的讽刺漫画作品至今仍在报刊、杂志上不断发表。他从 20 世纪 30 年代起就开始发表漫画作品，对旧社会的反动统治和腐朽没落的社会制度予以了辛辣的讽刺，对新中国

成立以来欣欣向荣的景象和人民热火朝天的工作生活予以真情歌颂，同时对一些落后的现象也给予了无情鞭挞，作品中处处透射出他的正义和良知。

陈列馆一楼都是丁聪的一些图文资料的介绍，二楼则是丁聪在历年所创作的漫画作品。

西塘古镇
Xitang Ancient Town

19

推荐星级：★★★☆☆

人文历史：★★★★☆

交通便捷：★★★☆☆

自然景观：★★★☆☆

特色美食：★★★★☆

西塘古镇在浙江省嘉兴市嘉善县，位于江苏、浙江和上海的交界处。这里离上海、苏州、杭州都在 100 千米以内，交通非常方便。西塘是一座已经有千年历史文化的古镇，早在春秋战国时期就是吴、越两国的交界，所以也被称为"吴根越角"和"越角人家"。

西塘好像是建造在水上的小镇。早上，可以看到浓雾中的小桥流水；傍晚，可以看到夕阳下的小渔船，听不到吵闹的声音，是典型的江南水乡景色。西塘与其他水乡古镇最大的不同是，古镇中河边的街道有近 1000 米的长廊和雨棚。西塘有 120 多条弄堂，最宽的大约 1 米，最窄的只能一个人侧身走过。西塘还有很多石桥，桥的样子都不一样，有的像一条龙在河上，有的像一条彩虹，每座桥都有故事和传说。

西塘风景优美，也出了很多名人，文化气息非常浓厚。根据历史记载，这里曾出过进士 19 人、举人 31 人。

在一些中国传统节日期间，西塘都会举行一些民间活动，比如在百姓家过中国年、中秋节赏月等。

交通指南：

在上海客运总站或者上海客运南站乘坐汽车可直接到达西塘（票价24~36元），全程1.0~1.5小时。

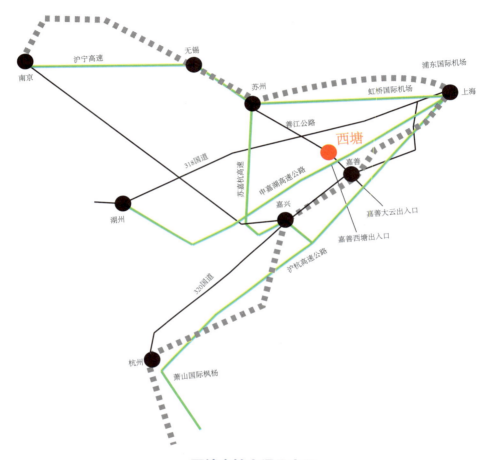

西塘古镇交通示意图

门票信息：成人联票100元，学生（凭有效证件）半票50元。

最佳季节：3—5月和9—10月最佳。

知名特产：荷叶粉蒸肉、五香豆、八珍糕、黄酒、麦芽塌饼。

烟雨长廊
Yanyu Corridor

西塘古镇河边的街道都修建了长廊和雨棚，下雨以后，雨滴慢慢地滴下来，再加上远处的雾，景色非常优美，所以称为"烟雨长廊"。这里是西塘"桥多、弄多、廊棚多"的一种体现。这些廊棚都是每家自己修建的，高低相同，非常整齐，总长约1000米。这里很适合下雨天的早上观赏，散散步，能感受到水乡的安静气氛。

送子来凤桥
Songzi Laifeng Bridge

送子来凤桥在古镇小桐街东边，是1637年（明崇祯十年）修建的，为三孔石板桥。传说建造的时候正好有一只鸟飞来，造桥人认为是吉祥的预兆，故取名"送子来凤桥"。现在的来凤桥是1997年重建的，它的样子和结构很特别。桥宽10米，中间有花墙，行人可以各走一边，老百姓称它是"晴雨桥"。

古人讲究南阳北阴，男为阳，女为阴。桥南边是阶梯，北边是斜坡，男人当然走台阶步步高升，女人三寸金莲小步走斜坡，持家稳稳当当。

西园
Xi Garden

西园是西塘古镇最大的私家花园，旧址在西街计家弄。"西园"这一名字的是为纪念诗人柳亚子来此园而命名的。

现在的西园是1993年新建的公园，已经不是那时候南社做诗读诗的地方。新西园里有"朱念慈扇面书法艺术馆""百印馆""南社陈列室"等展厅。园内是小型的苏州园林，有树木花草、假山亭池。假山上有座六角亭叫"醉雪亭"，西塘八景之一的"小山醉雪"就在这里。

石皮弄
Skin-Like Stone Lane

石皮弄在西塘镇下西街，是在两座房子之间的露天弄堂，明末清初修建。在西塘镇所有弄堂中，石皮弄最窄，宽仅1米，弄口最窄的地方只有0.8米，全长68米，由166块石板铺成，地面平整，下面是下水道。石皮弄左右两边的墙有6~10米高，到现在还保留着古老的颜色和样子。

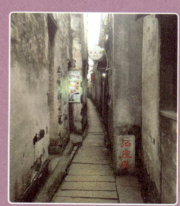

这条长长的石皮弄，是西塘最长的弄堂。因为石头很薄像皮一样，所以叫石皮弄。早上或者傍晚走在这条小弄里，听着青石发出的声音，好像回到了过去的年代。

朱家角古镇
Zhujiajiao Ancient Town

20

推荐星级：★★★★☆

人文历史：★★★★☆

交通便捷：★★★☆☆

自然景观：★★★★☆

特色美食：★★★★☆

　　如果要用一句话来介绍朱家角，那么，"小桥流水天然景，原汁原味明清街"就是最确切的描述。古镇于明朝建立，至今已经有千年历史。

　　朱家角最迷人的自然风光在一山一湖。山叫淀山，湖为天然淡水淀山湖。山或许无名，湖却大名鼎鼎，湖的面积大约有11个杭州西湖那么大。

　　朱家角更具古镇特色的是它的人文景观。朱家角有一桥、一街、一寺、一庙、一厅、一馆、二园、三湾、二十六弄。

　　除此之外，朱家角吸引人的地方还有世人皆知的"三多"，就是名人多、明清建筑多、水多桥多茶馆多。

　　找个空闲来朱家角逛逛，或许你真想租个房间住下不走了！

交通指南：

上海旅游集散中心：上海体育场五号门乘车，7:00—16:30 每半小时一班，最高票价 12 元，全程车程约 1 小时。

沪朱高速快线：人民广场普安路金陵路乘车，每半小时一班，最高票价 12 元，全程车程 1 小时左右。

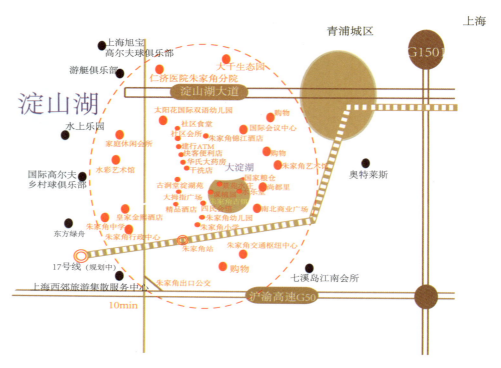

朱家角景区示意图

门票信息：部分景点收费，收费景点开放时间：8:30—17:00。

最佳季节：一年四季。

知名特产：粽子、扎肉、熏青豆、扎蹄髈、状元糕、糖藕等。

课植园
Kezhi Garden

课植园是朱家角古镇最大的庄园式园林建筑，环境幽静，景色秀丽。

课植园建于1921年。据说园主为了造园，曾游遍江南园林，将自己喜欢的胜景——搬到园中。比如上海豫园风格的荷花池、九曲桥等等，可以说是集江南园林精华于一园。

课植园内有宴会厅、书楼、戏楼、藕香亭、碑廊等各类建筑共200余间。还有假山、九曲桥、课植桥、荷花池等景点。

大清邮局
Post Office of Qing Dynasty

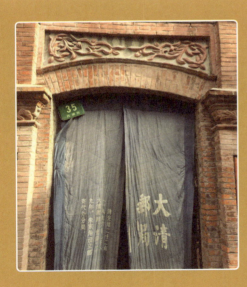

大清邮局是华东地区最早的邮政机构，始建于1903年，是华东地区保留下来的唯一大清邮局旧址。邮局有上下两层，一楼是中国邮局历史演变的介绍；二楼是多个朝代邮政介绍，以及清代到民国的珍贵明信片和信件原稿展示。

邮局门外还有个仍在使用的清代铜制铸龙邮筒，造型奇特，不时吸引游人拍照留念。

桥
Bridges

可以说"小桥、流水、人家"是江南古镇，更是朱家角的精华所在。镇区共有36座古朴典雅的桥。其中，至今保留完好的建于明清时代的石拱桥、石板桥、砖木结构的古桥有20多座。比如，放生桥、永生桥、永安桥、泰安桥等等。

最著名的就是放生桥，它是长江三角洲地区最大的一座五孔石拱桥，始建于明朝，是古镇的标志性建筑。站在桥上，古镇全景一览无余。

街
Lanes

朱家角的民宅沿河而建，形成了9条老街，大大小小30多座古石桥又把小街连成了一片。

朱家角最热闹的地方是明清街，又叫北大街。说它是"大街"，其实最宽处不过三四米，有的地方只有两米宽，称为"一线天"。大街两边都是清代建成的砖木结构小楼，一铺一店面，家家店堂布置得古色古香，各具特色。街上面馆、饭店，茶楼比比皆是，有新开的店，更有"许永顺""长兴馆""一亨馆"等这样的百年老店。

乌镇
Wuzhen Ancient Town

21

推荐星级：★★★★☆

人文历史：★★★★☆

交通便捷：★★★☆☆

自然景观：★★★★☆

特色美食：★★★★☆

乌镇是典型的江南地区汉族水乡古镇，完整地保存着晚清和民国时期水乡古镇的风貌和格局，有"鱼米之乡，丝绸之府"的称号，它有着6000多年的悠久历史，是中国20个黄金周预报景点和江南六大古镇之一。陈运和的诗《乌镇剪影》赞"一个现代文明影响不大的世界，一张古老色彩依然浓重的史页"。乌镇以河成街，街桥相连，依河筑屋，水镇一体，组织起水阁、桥梁、石板巷、茅盾故居等独具江南韵味的建筑因素，体现了中国古典民居"以和为美"的人文思想，以其自然环境和人文环境和谐相处的整体美，呈现了江南水乡古镇的空间魅力。

乌镇属于浙江省嘉兴市桐乡市，西边是湖州市，北边是江苏苏州市吴江区，距离上海140千米，城镇面积71.19平方千米。目前景区主要分为东栅和西栅，其中东栅主要有江南百床馆、民俗馆、江南木雕馆、余榴梁钱币馆、立志书院、茅盾故居、林家铺子、汇源当铺等；西栅有大剧院、叙昌酱园、喜庆堂、昭明书院、瘟都元帅庙、乌镇邮局、恒益堂药店、乌将军庙、白莲寺、文昌阁等。

交通指南：

上海汽车南站乘坐巴士到乌镇汽车站，然后乘坐 K350 路公交车，到达乌镇景区。

大巴车票 51 元（返程 49 元）。

K350 路公交车票 2 元。

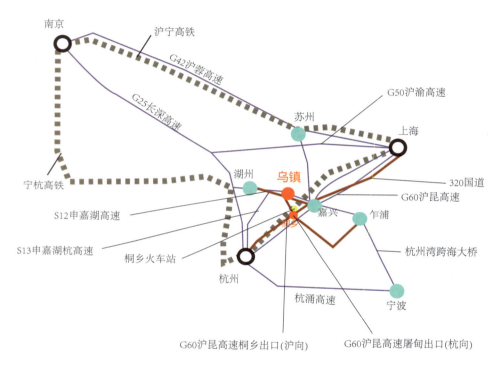

乌镇景区交通示意图

门票信息： 东栅 100 元，西栅 120 元，东西栅联票 150 元。（儿童票，1.2米以下免票；1.2~1.5 米，西栅 60 元，东栅 50 元，东西栅联票 105 元）。

最佳季节： 四季都比较适合，但冬天有点湿冷。节假日游客比较多。

知名特产： 蚕丝被、乌锦、手工酱、三白酒、生铁锅、姑嫂饼、定胜糕。

舟楫船文化长廊
Boat Cultural Gallery

在乌镇西栅景区安渡坊摆渡口的"船寮"旁边，高1.7米、全长30多米，以竹板阴雕的形式，全面展示了京杭大运河江南一带的千年舟楫形态，为广大游客介绍和展示乌镇地区历代所常见的舟船。游客可以通过这条长廊，了解京杭大运河当时的盛况及历史变迁。

草木本色染坊
Foliage Dyeing Workshop

这是一个手工环保印染晾晒大型工坊，占地2500平方米，规模很大。除了展示以蓝草为原料浆染制作蓝印花布工艺以外，还展示独特的彩烤工艺。彩烤色彩丰富，其染料是从当地的草木原料中提取的，像茶叶、桑树皮、乌桕树叶都是提取染料的原料，所以这个染坊在当地叫做草木本色染坊。

昭明书院
Zhaoming Academy

得名于曾在乌镇筑馆读书的南朝梁昭明太子萧统。正门入口有明朝万历年间（1573—1620年）建立的一座石牌坊，高3.75米、面宽3.8米、上面写着"六朝遗胜"，龙凤板上有"梁昭明太子同沈尚书读书处"。主楼现在是图书馆，中间是校文台，前面的庭园中有四眼水池，周围有很多高大的古木，绿荫满地。

灵水居
Live Water Garden

占地20000平方米，是西栅最大的一个园林建筑景点。一进园内，首先看到的是一堵蜿蜒的围墙，上面刻着中国传统风格的图案，中间为"双龙戏珠"，两旁是"梅竹仙鹤"，穿过透窗可领略到园中石山、秀水、绿树，尽得透景之妙。茅盾先生的纪念堂和陵园就在灵水居东侧。

周庄
Zhouzhuang Ancient Town

22

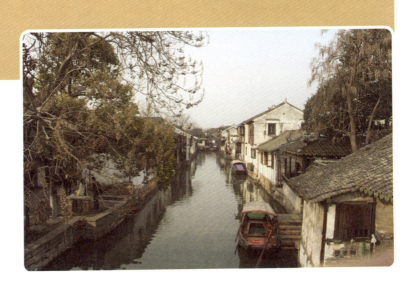

推荐星级： ★★★★☆

人文历史： ★★★★☆

交通便捷： ★★★☆☆

自然景观： ★★★★☆

特色美食： ★★★★☆

　　周庄是中国有名的南方小镇。它在苏州东南边，因为有小桥、流水、人家的江南水乡特点，所以成为有名的景点。史书上说，北宋有一位姓周的人因信仰佛教将庄田200亩送给了全福寺，当地人为了感谢他，就将这块地叫做"周庄"。小镇被河水划分成"井"字型的几块，当地居民靠近水道居住，船成了出行的主要工具，河成了日常生活的重要部分。主要街道上有各种特色商店、景点、饭店和民宿等方便游人参观旅游。河道上有14座元、明、清各代的古石桥，形状各有特点。小镇有800多户原住民，60%以上的房子保留了明清时期的建筑样子。这里有沈厅、张厅、周庄舫、新牌楼、周庄博物馆、迷楼、古城楼、太平桥、古戏台、沈万三水底墓等景点。

　　周庄的出名主要是因为杨明义和陈逸飞(1946—2005)两位画家。杨明义先生擅长山水画，尤其是以江南水乡为主题的中国画，他在1978年因创作《水乡的节日》一画在写生时发现了周庄，被誉为"发现周庄第一人"。后来他把周庄的美景介绍给了画家陈逸飞先生，陈逸飞创作了著名的画作《故乡的回忆》。这幅画后来被美国富商以高价买下，并在1984年访问中国时，将这幅作品送给了邓小平先生，从此周庄开始闻名于世。

周庄交通示意图

交通指南：

在上海旅游集散中心（天钥桥路666号）乘坐旅游专车，上午 7:00、8:30、9:05、12:10，下午最晚 14:00 出发，回来最晚 16:00 出发。行程约 1.5 小时。节假日会增加车次。

门票信息： 成人票 100 元，全日制大学本科及以下学历在读学生（凭有效证件）半票 50 元，6 岁或 1.4 米以下儿童免票。景点办理免费成像业务，成像后可在 3 日内凭票无限次出入景区。

最佳季节： 四季都比较适合，但冬天有点湿冷。节假日游客比较多。每年 4 月举办国际旅游节，农历春节举行过大年的各种活动。

知名特产： 万三蹄、阿婆菜、蚬江三珍、鲍鱼、三味汤圆、青团。

沈厅
Shen Hall

沈厅是沈万三的后人在清朝（1742年）建造的一幢民居。沈万三是当地富商，也是中国历史上的名人，周庄有很多关于他的故事。沈厅建筑面积很大，有100多间房，一共有七进五门楼，第五进摆放着沈万三的坐像，前面有个聚宝盆，

表示他的财富多到无穷无尽。两边的走廊用金属浮雕记录了沈万三的故事，值得一读。另外，沈厅的砖雕门楼很有艺术价值，上面雕刻着历史人物、动物和各种图案，栩栩如生。

双桥
Double Bridges

这个景点是由两座相邻的桥构成的。两桥的桥面一横一竖，桥洞一圆一方，由于看上去像一把钥匙，所以大家又叫它们"钥匙桥"。这两座桥一座叫世德桥、一座叫永安桥。著名画家陈逸飞先生创作的《故乡的回忆》就是以双桥为背景的。从双桥旁的饭店或从游船上拍摄双桥可以取得比较好的效果。

四季周庄
Zhouzhuang in Four Seasons

四季周庄是江南原生态文化的水乡实景演出，它分为"水韵周庄""四季周庄""民俗周庄"三个篇章。演出阵容300人左右，既有专业演员，也有大批来自普通的本地农民、渔民、市民，整台演出充满生活和市井气息，会让你对江南水乡的生活与文化留下非常深刻的印象。

周庄博物馆
Zhouzhuang Museum

这里展示了镇北出土的文物，以及具有当地民俗风情的生产、生活实物和艺术品。馆内还有棋展，展示了古代、现代多种棋。二楼有博物馆珍藏的珍品——周庄长卷（整个古镇的全景图），这幅画长25米、宽0.9米，由我国30多位艺术家花了半年以上工夫绘制而成。

静思园
Jingsi Garden

23

推荐星级：★★★☆☆

人文历史：★★☆☆☆

交通便捷：★★☆☆☆

自然景观：★★★★☆

特色美食：★★☆☆☆

　　距江南名镇同里3千米处，坐落着一个国家4A级园林景区静思园。静思园是当代民营企业家陈金根先生的私家园林。1993年开始建造，10年之后建成。虽说建成在当代，但园中建筑不仅沿袭了苏州古典园林的建园风格，还收集了沪苏皖拆迁遗留下的众多明清时期的砖雕门楼、古木厅堂等精美建筑。虽是新园，却有着中国古典园林的特色。

　　园区的主要景观有鹤亭桥、小垂虹、静远堂、天香书屋、庞山草堂、盆景园等近40个。因园主热爱奇石，还收集了众多姿态各异、鬼斧神工的灵璧石，非常值得静静赏玩。

交通指南：

汽车：上海→苏州，每 15 分钟一班，车程约 2 小时。

火车：上海→苏州，每 20 分钟一班，车程 1 小时

静思园交通示意图

门票信息：成人票 70 元，开放时间 8:00—17:30。

最佳季节：3—11 月。

景区美食：陈家菜。

奇石馆
Kistler Museum

园主热爱奇石，在奇石馆收罗了很多灵璧石。灵璧石是由5亿年前火山喷发后的岩浆冷却后形成的，是中国最著名和难得的奇石。

这些奇石的颜色有紫、黑、灰等，造型有的像神龟静卧、有的如飞马奔腾，还有的似虎吼狮跃，一定让你大开眼界。

盆景园
Mini-Scape Garden

盆景，是微缩的园林，为的是在园林中起到点缀、充实和丰富园林的作用，最终达到园中有景、景中有园的效果。

虽然静思园的盆景园不大，但各种珍稀名品盆景也有100多盆，其中有棵椿树的树龄竟有600多年。

小垂虹
Small Rainbow Bridge

苏州吴江曾有一座"垂虹桥"，是江南第一桥。但因为年代久远、缺少维护，有一夜突然坍塌。园主陈金根为了让这座江南第一桥，不但永远留在大家的心里，还要再现在大家的眼前，作为永久的怀念，于是就把这座廊桥取名为"小垂虹"。

静远堂
Jingyuan Hall

静远堂也叫正厅，是园内最气派的主体建筑，精致典雅。静思、静远，就是静思园的主题。"静远堂"横匾的下面刻着一篇文章，那是园主陈金根先生写的，详细记录了静思园的地理位置、庞山湖的变迁、建园的历史背景、建园的异常艰辛等等，读来让人感动。

嘉兴
Jiaxing

24

推荐星级：★★★☆☆

人文历史：★★★★☆

交通便捷：★★★☆☆

自然景观：★★★★☆

特色美食：★★☆☆☆

嘉兴在浙江省东北部，是长江三角洲的重要城市之一。嘉兴气候舒适，环境优美，有很多河流和湖荡，自然风光多是水乡古镇。城市在江、海、湖、河交汇的地方，与上海、杭州、宁波、绍兴、苏州等城市相距都不到100千米，是浙江北部的沪杭、苏杭交通干线中心，交通方便，历史悠久。

嘉兴不仅景色优美，而且有2000多年的悠久历史，从秦朝开始修建。嘉兴从古代开始就是富裕繁华的地方，被称为"鱼米之乡""丝绸之府"。嘉兴不仅是国家历史文化名城、中国文明城市、中国绿化模范城市，还获得了中国优秀旅游城市和国家园林城市的称号。

嘉兴城内以前有"七塔八寺"之说，其中有些已经消失了。现在嘉兴有国家4A级旅游景区7个，分别是南湖景区、乌镇景区、西塘景区、盐官观潮景区、南北湖景区、东湖景区、海宁中国皮革城。嘉兴出名也因为这里的南湖是中国共产党的诞生地之一。嘉兴历史上出了很多名人，比如著名文学家茅盾、国学大师王国维、新月派诗人徐志摩、漫画家丰子恺和张乐平、著名数学家陈省身、武侠小说大师金庸等。

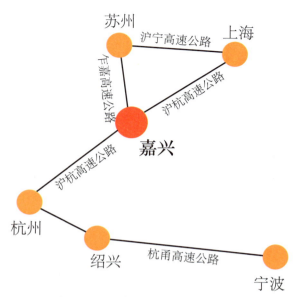

嘉兴交通示意图

交通指南：

火车：在上海南站或者上海虹桥火车站乘坐动车或者高铁，0.5~1.0 小时可到达嘉兴。

汽车：在上海客运南站或者客运总站乘坐汽车，1.5 小时可以到达嘉兴。

门票信息：各景点门票不同。

最佳季节：3—5 月、9—11 月。每年 5 月，嘉兴南湖都举办旅游节；每年农历八月十六到八月十九，在海宁盐官举行中国国际钱江观潮节。

知名特产：粽子、南湖菱、酱鸭、八宝饭、海宁皮革。

南湖
The South Lake

南湖因为在嘉兴城南边而得名。这里不仅有江南秀美的风景，还是中国共产党的诞生地。

南湖与杭州西湖、绍兴东湖被称为浙江三大名湖。南湖是一片开放式的湖面，可以沿着湖边走走，也可以乘船上湖心岛参观。南湖分为东西两湖，两湖相连，样子很像两只鸳鸯，古时湖中常常有鸳鸯，因此又名鸳鸯湖。主要景点包括湖心岛、烟雨楼、南湖红船、御碑亭、清晖堂、小瀛洲、壕股塔、伍相祠等等。

每年农历六月二十四，形成一个游览性的节日活动——"观莲节"。观莲节期间，南湖会举办"荷花灯会"。

门票：60元，与月河联票：110元。

海宁盐官观潮景区
Haining Yanguan Tide Area

盐官观潮景区在浙江省钱塘江北岸海宁市中南部，是一个既有自然景观又有历史文化底蕴的旅游景区。

景区可以分为盐官古镇和观潮胜地公园两部分。在盐官古镇，可以参观王国维故居和海神庙；在观潮胜地公园，可以观看潮水。

海宁潮又称钱江潮，是世界一大自然奇观。海宁潮一日2次，每月农历初一至初五、十五至二十是大潮，所以一年有120个观潮佳日。但每年农历八月十八是潮水最大的时候，所以从南宋开始把这一天定为观潮节。海宁潮以"一线横江"被称为"天下奇观"。

联票：70元。

南北湖
Nanbei Lake

南北湖是我国唯一把山、海、湖集为一体的风景区，在海盐县境内，是浙江10大"最佳休闲度假胜地"之一。 南北湖三面是山，一面对着大海，在杭州、上海、苏州和宁波的中间。地理位置很好，交通方便。

整个风景区以南北湖为中心，由湖塘、三湾、鹰窠顶、谈仙岭、滨海五大景区组成。湖的南边就是盐官观潮景区。湖的四周很多山连在一起，山上有松、竹、茶、橘，和湖水一起，景色非常优美。农历十月初一，可以观赏到奇特的景观——"日月并升"。在这里，你可以游山玩水看海，喝茶吃橘子品尝竹笋，参加新奇的野外活动，享受休闲度假的快乐。

门票：80元。

月河古街
Moon River Street

月河古街在南湖区月河历史街区。月河是京杭大运河的一条支流，因为水流的样子像弯弯的月亮，所以叫"月河"。明清以来，月河一带已经形成了繁华街市。

古街景区有小河、古桥、狭弄、旧民居、廊棚等，具有浓厚的水乡古城风情，很多百年老字号展现了旧时嘉兴"江南府城"的繁华。街区里还有嘉禾水驿、端午民俗文化体验馆、粽子文化博物馆、玉穗丰米行等特色景点，引入了皮影戏馆、评弹书场、花鸟市场、古玩市场等休闲场所，是嘉兴市区现存规模最大、最完整、最能反映江南水乡城市特色的历史街区。

街区免票，景点需买门票，可以与南湖一起买联票。

千岛湖
Thousand Island Lake

25

推荐星级：★★★★☆

人文历史：★★★★☆

交通便捷：★★★☆☆

自然景观：★★★★★

特色美食：★★★☆☆

　　千岛湖，在浙江省杭州西郊淳安县境内，离杭州129千米、离黄山140千米，是长江三角洲地区的后花园，是世界上岛屿最多的湖，因为湖里有1078座小岛而得名。

　　千岛湖风景区，又称新安江水库，以岛、水、金腰带（岛和湖水连接的地方有一层金黄色的土，被称为"金腰带"）为主要特色景观，是浙江省有名的风景区之一，也是中国面积最大的森林公园。千岛湖中大小岛屿形态都不一样，群岛分布有疏有密，有百湖岛、珍珠岛等千姿百态的群岛、列岛景观。景区中植物种类非常丰富，森林覆盖率达95%，有"绿色千岛湖"之称。此外，千岛湖还有各种各样的鱼类资源、鸟类资源，还有很多珍贵的野生动物生活在这里。千岛湖水在中国大江大湖中是最优质的，属国家一级水体，不用经过任何处理就可以喝，被称为"天下第一秀水"。

　　在千岛湖，你可以乘船在岛屿间穿行，可以享受清风拂面的惬意，也可以与动物玩耍、去周边参观古村落、去山里漂流、在湖边骑自行车。在这里，你可以亲近大自然，放飞心情。

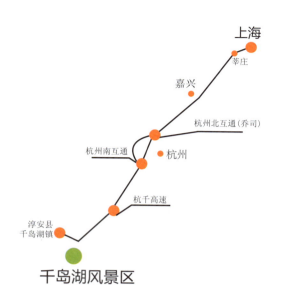

千岛湖风景区交通示意图

交通指南：

火车转汽车：在虹桥火车站或者上海南站乘坐高铁到杭州，再从杭州乘坐长途汽车到千岛湖。

汽车：在上海客运南站或者客运总站乘坐汽车，4 小时可到达千岛湖。

门票信息： 旺季（3 月 1 日—11 月 30 日）150 元；淡季（12 月 1 日—次年 2 月底）120 元。1.2 米以下儿童、70 周岁及以上老人、残疾人凭证免费；1.2~1.5 米儿童、学生、60~69 周岁老人凭证半价。

最佳季节： 春秋两季。

知名特产： 鱼干、山核桃、高山绿茶、猕猴桃、木制品。

梅峰揽胜
Meifeng Island

梅峰岛在千岛湖中心湖区西边的状元半岛上，是登高观看千岛湖全景的最好地方。可以在山下乘缆车上山，梅峰顶上分东观景台和西观景台。从西观景台看，风景非常优美，可以亲身体会青山绿水金腰带的意境。

在这里可以看到千岛湖，一座座的小岛就像梅花漂浮在水面上，所以人们常常说"不上梅峰观群岛，不识千岛真面目"。景区内还有丰富的特色景观，如带香归、连理松、芸香园、兰花潭、双凤桥、紫沙坡、万枝梅海、迎客松等等。

猴岛
The Monkey Island

猴岛是千岛湖云蒙列岛猴子王国中的一个主要岛屿，由10多个小岛组成。现在猴岛已经陆续放养了95只广西恒河猴、34只红面短尾猴，还有长尾猴、食蟹猴、熊猴、平顶猴等品种，已繁殖了不同种类350余只小猴，形成了大小不同的6个猴子群体。

猴岛与邻近岛屿离得比较远，所以就像一颗海上明珠。猴岛上主要有短尾猴、恒河猴两大猴群，还有远人村、科普廊、猴艺苑三个游览区域。在远人村可以与猴子亲密接触，科普廊可以了解灵长类动物知识，猴艺苑可以观赏驯猴技艺。

千岛湖森林氧吧
Thousand Island Lake Forest

森林氧吧在千岛湖东南湖区边，离淳安千岛湖镇15分钟车程。森林氧吧有千岛湖景区最好的森林植被（国家亚热带原始次森林保护区）、最美的自然风光（森林、瀑布、彩岩）和最佳的生态环境（负离子含量非常高），景区周围都是绿色的山、优美的湖，自然生态环境非常好。　景区有各种植物300余种，还有形态特别的喀斯特地貌石灰岩、砂质沉积岩，也有瀑布、水潭，被誉为千岛湖的世外桃源。在这里，你可以进行林中漫步、攀岩、野营、采集森林标本、钓鱼、水上运动等旅游项目，还可以参加并有漂流、探险等休闲运动项目。门票：60元。

芹川村
Qinchuan Village

芹川村在淳安县浪川乡境内，是一个新发现的有700多年历史的古村落。虽然在浙江境内，可整个村子的建筑都是徽派风格，明清古民居占整个村庄建筑的70%左右。在这里，有800多年的大樟树；有小溪，溪水非常清澈，溪中有很多小鱼；

有30多座小桥横跨小溪，小溪两边是房屋，能感受到古村的悠久与宁静。

　　最有名的桥是明崇祯年间修建的际云桥。在芹川村还保存着关玉堂、敬义堂、敦睦堂、王氏宗祠、锦公祠、仁义厅和昭灵庙等8座祠堂、3座庙。

安吉
Anji

26

推荐星级：★★★☆☆

人文历史：★★★☆☆

交通便捷：★★★☆☆

自然景观：★★★★★

特色美食：★★★☆☆

安吉县位于浙江省湖州市，邻近上海、杭州、南京、苏州等城市，被称为"都市后花园"。公元185年安吉县开始建立，名字出自《诗经》中的"安且吉兮"，意思是平安吉祥。

安吉县生态环境优美，植被覆盖率和森林覆盖率都很高。安吉县的旅游资源主要依托天荒坪风景名胜区、安吉竹乡国家森林公园、龙王山自然保护区等。安吉尤其因为"竹子"而闻名天下，有"中国竹乡"的美称。这里有世界上散生、混生竹种最齐全的安吉竹博园，收录了人类五六千年的竹文化史。中国大竹海是电影《卧虎藏龙》、电视剧《像雾像雨又像风》的外景拍摄地。此外，这里还有亚洲第一的天荒坪电站，浙江省最大的瀑布群——藏龙百瀑，神秘的浙北大峡谷等。安吉县三大特色产业——竹业、茶业和椅业是其三张名片。

安吉历史悠久，也出了很多有名的文人。南朝梁文学家吴均是故鄣（安吉）人，著名林学家陈嵘出生在安吉，安吉也是近代艺术大师吴昌硕的故乡，被称为昌硕文化之乡。

交通指南：

在上海各客运站乘坐长途巴士，全程大概 3 小时。

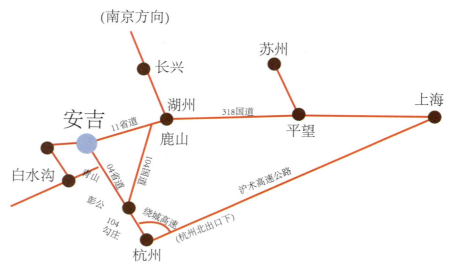

安吉景区交通示意图

门票信息： 各景点门票不同。

最佳季节： 以春、夏两季最佳。

知名特产： 白茶、白果、冬笋干、板栗、山核桃等，还有一系列的竹制品和工艺品。

中国大竹海
China Grand Bamboo Sea

　　大竹海在安吉南大门港口，是距离杭州最近的一个景点。现在已成为竹文化生态旅游区，是浙江省著名的大毛竹示范基地，亚非拉17国毛竹科研培育基地。这里的"中国毛竹之王"最大胸径达70厘米。《卧虎藏龙》《像雾像雨又像风》等影视片就是在这里拍摄的。

　　大竹海景区是把这里的竹、乡、山、水等资源环境作为背景，按照国际化、品质化、田园化的发展理念，以竹为景，以海为境，把景区建成为集"竹海观光、竹乡休闲、文化体验、影视娱乐、山乡人居、度假养生"等功能为一体的省级旅游度假区和竹乡休闲旅游目的地，以及长三角最佳生态养生第三空间。

　　门票：45元。

中南百草园
Anji South Garden

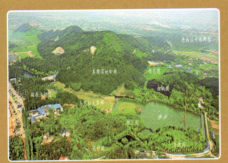

　　中南百草园是长三角地区最大的新型旅游休闲观光园之一。

　　景区分为植物世界、动物王国和休闲运动天堂三大主题。景区植被覆盖率达95%，是天然的绿色大氧吧；动物园内可观赏到老虎、狮子、金钱豹、孔雀等几十种珍奇野生动物，游客还可以观看动物的精彩表演；此外，景区还有浙江省唯一的自行车越野训练基地，以及跑马、登山攀岩、高空溜索、水上漂流等各类运动场地；还有浙北地区唯一一个大型游乐场——中南欢乐世界。除游乐、观赏项目以外，景区还有中南旅游饭店、烧烤场，供应安吉特色饭菜，鲜香可口。而在涌泉湖边的度假酒店环境也很优美。

　　门票：120元。

藏龙百瀑
Canglong Waterfall

　　藏龙百瀑是浙江省最大的瀑布群，由3个小瀑布组成。有落差60多米的"长龙飞瀑"，有像彩虹一样的"虹贯龙门"，更有神形皆备的"神龟听瀑"。可以说是瀑瀑相连，一步一景。藏龙百瀑不仅因为有很多瀑布而出名，同时还有一块非常大的石头在七千万年前就悬挂在两座悬崖之间，称为"仙人桥"，看上去非常惊险。望仙石、老鹰石、天生悬石，样子非常逼真。景区内还有多种野生动物和近百种国家保护树种。夏天天气凉快，非常安静；冬天瀑布都结了冰，雪景迷人，被称为"江南哈尔滨"。

　　门票：60元。

竹博园
Bamboo Garden

　　安吉竹博园以前是安吉竹种园，是集竹文化、竹工艺于一体的中国竹子博物馆和亚洲规模最大的竹种园。人们常说"世界竹子看中国，中国竹子看安吉"。走进竹博园，好像走进了竹的海洋，它们有的高大，有的低矮，有的非常细，有的叶子非常大，有的颜色鲜艳，有的奇怪扭曲。在这里，通过特别的造景艺术，讲述了关于竹子的很多传说和典故，比如"孟宗哭竹"、斑竹传说等。游客还可以在"竹峰栈道"，体验《卧虎藏龙》中在竹林飞来飞去的感觉。

　　门票：80元。

杭州
Hangzhou

27

推荐星级：★★★★★

人文历史：★★★★★

交通便捷：★★★★★

自然景观：★★★★★

特色美食：★★★★★

杭州是浙江省的省会，也是中国的七大古都之一。杭州历史悠久，始建于2200多年前的秦代，那时候叫"钱唐"，到隋代改称为杭州。历史上，五代吴越和南宋两个朝代都建都杭州，这200多年是杭州发展史上的鼎盛时期，被称为"东南第一州"。元朝时的意大利旅行家马可波罗称赞杭州为"世界上最美丽华贵的天城"。现在，杭州总面积16596平方千米，其中市区3068平方千米。

中国有句话叫"上有天堂，下有苏杭"。这句话的意思是：在天上天堂是最美的，在人间苏杭是最漂亮的。这里的"杭"就是杭州。杭州有山有水，有人文景点，也有自然风光，四季都适合旅游。春天，可以看到苏堤上的杨柳；夏天，可以体会西湖里的荷花幽香；秋天，可以在三潭印月赏月；冬天，可以在断桥残雪看雪。

杭州有很多特产，如丝绸、龙井茶叶、天竺筷、昌化山核桃、杭白菊、绸伞、张小泉剪刀、刺绣、杭扇等。其中，杭扇与杭州丝绸、杭州龙井茶一同被称为"杭州三绝"。

交通指南：

火车：从上海虹桥站乘坐高铁，1小时左右到杭州东。

汽车：在上海客运总站或者上海客运南站乘坐大巴到杭州汽车站。

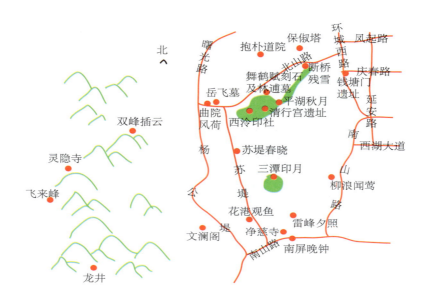

杭州景点示意图

门票信息：各景点门票不同。

最佳季节：四季都可以。

知名特产：西湖醋鱼、叫花鸡、杭扇、杭州丝绸、龙井茶叶、西湖藕粉。

西湖
West Lake

西湖在杭州市中心，总面积49平方千米。苏堤和白堤把湖面分成里湖、外湖、岳湖、西里湖和小南湖五个部分。西湖周围有很多山环绕，它们像众星拱月一样，捧出西湖这颗明珠。西湖不但风景优美，而且还有丰富的文物古迹和感人的神话传说，把自然、人文、历史、艺术巧妙地融合在一起。

西湖的景点很多，其中苏堤春晓、曲苑风荷、平湖秋月、断桥残雪、柳浪闻莺、花港观鱼、雷峰夕照、双峰插云、南屏晚钟、三潭印月最有名，被称为"西湖十景"。出现在人民币一元纸币背面的三潭印月景观，也体现出西湖在中国风景名胜中特殊的地位。

灵隐寺
Lingyin Temple

灵隐寺，又名云林寺，公元326年修建，在杭州市西部。灵隐寺后边是北高峰，前面是飞来峰，在两座山峰中间的灵隐寺常年有烟云笼罩，风景十分优美。据说当年印度僧人慧理来到这里以为是神仙隐居的地方，就在这里建寺，取名"灵隐"。气势宏宇的灵隐寺藏在西湖景区的山峰和树林里面，这与中国其他寺庙很不一样。

灵隐寺中五百罗汉堂和四大名山铜殿被称为艺术珍品，道济禅师殿也十分有名。中国民间传说中的济公活佛曾于南宋时在灵隐寺出家修行，寺中道济禅师殿中有一尊右手拿着破扇子、左手拿着佛珠、右脚放在酒缸上的济公活佛塑像。

门票：30元。

西溪湿地
Xixi National Wetland Park

杭州西溪国家湿地公园在杭州市的西部，离市中心约6千米，是现在国内第一个也是唯一的集中了城市湿地、农耕湿地、文化湿地的国家湿地公园。

西溪湿地面积有10.08平方千米，分为东部湿地生态保护培育区、中部湿地生态旅游休闲区和西部湿地生态景观封育区。水是西溪的灵魂，园区约70%的面积为河湖、池塘、沼泽等水域，整个园区有6条河流纵横交汇。西溪湿地也是鸟类的天堂，你可以在烟水阁的高台上远处观赏，也可以去河边近距离观赏鸟类。

核心景区门票：80元。

中国茶叶博物馆
China Tea Museum

中国茶叶博物馆是茶文化专题博物馆，在杭州市龙井路旁的双峰村。博物馆由茶史、茶萃、茶事、茶缘、茶具、茶俗6大展示空间组成。

在一号楼陈列楼里，你不但可以了解茶文化的发展和茶叶生产制作的过程，也可以学习各个历史时期不同的品茶方法和礼仪。四号楼是展示楼，可以让你欣赏到古今中外的茶艺和茶道表演。

中国茶叶博物馆的环境也非常特别，它没有围墙，营造出"馆在茶间、茶在馆内"的气氛。博物馆内还有一个嘉木苑，里面有100多种茶树。

绍兴
Shaoxing

28

推荐星级：★★★★☆

人文历史：★★★★★

交通便捷：★★★★☆

自然景观：★★★★☆

特色美食：★★★☆☆

　　绍兴是中国历史文化名城，简称越，在浙江省中北部，已经有 2500 多年历史。它是著名的水乡、桥乡、酒乡、书法之乡、名士之乡。和其他南方水乡相比，绍兴更多了份书卷气和黄酒香。绍兴出了很多名人，像鲁迅、周恩来、王羲之、陆游、蔡元培、马寅初等。在这里，你可以坐着乌篷船看社戏，也可以去咸亨酒店尝尝茴香豆，还可以站在兰亭的鹅池边欣赏书法。绍兴市以越城区为主城区，鲁迅故里在市中心位置，其他景点如沈园、秋瑾故居、八字桥等分别在城区各处。

　　绍兴还被称为"东方威尼斯"，市内有大小河流 1900 千米，4000 多座桥，其中最有名的是八字桥、广宁桥、宝珠桥、谢公桥。乌篷船是绍兴水上很有特色的交通工具，它和乌毡帽、乌干菜组成"三乌"，是绍兴的代表。绍兴还有一个特产就是黄酒，绍兴的黄酒温纯、浓郁，就像这座城市一样回味无穷。

交通指南：

火车：从上海虹桥火车站可以乘坐高铁，1.5 小时左右到达绍兴北。

汽车：在上海客运总站或者上海客运南站可以乘坐大巴到绍兴汽车站。

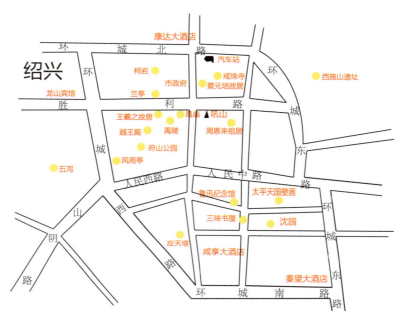

绍兴景点示意图

　　门票信息：绍兴旅游通票可到以下 14 个景区（馆）参观游览（3 日有效，每个景点只能刷一次）：鲁迅故里、东湖、兰亭、沈园（白天）、沈园之夜、大禹陵、绍兴博物馆、周恩来纪念馆、蔡元培故居、青藤书屋、大通学堂、秋瑾故居、范文澜故居、徐锡麟故居。票价 130 元，60~70（不含）岁的老人以及身高 1.2~1.5 米的儿童半价。

　　最佳季节：3—5 月、9—11 月。春秋两季气温舒适，适宜游玩。

　　知名特产：绍兴黄酒、茴香豆、乌干菜、乌毡帽、绍兴腐乳。

鲁迅故里
Lu Xun's Hometown

鲁迅故里在绍兴市鲁迅中路。在这里，你可以看到鲁迅先生小时候生活、学习的地方，还能看到在鲁迅作品里出现过的很多场景。

1881年9月25日，鲁迅在这里出生。鲁迅一生有三分之一以上的时间在这里度过。鲁迅居住的房子仍然保存良好，现在室内还是原来的样子，不少东西都是当年的原物。鲁迅纪念馆以鲁迅的思想发展为主线，按照时间顺序和活动地点，介绍了鲁迅先生的一生。

三味书屋是鲁迅少年时学习的地方，后面的园子叫做百草园。走累了，你可以去鲁迅先生《孔乙己》笔下的咸亨酒店尝尝绍兴地方菜，体验一下鲁迅笔下的独特江南文化。

沈园
Shen Garden

沈园在绍兴市越城区春波弄，是宋代有名的园林，已经有800多年的历史。因为沈园最开始的主人姓沈，所以叫做沈园。沈园分为古迹区、东苑和南苑三大部分，是绍兴历代很多古典园林中唯一保存到现在的宋代园林。

除了江南特色的建筑外，沈园曾经的主人——陆游，给这座园林增添了爱情色彩。陆游是南宋爱国诗人，他在这座院子里写下了流传至今的诗篇《钗头凤》。晚上，这里有沈园之夜，游客可以了解宋代礼仪，欣赏陆游和唐琬的爱情故事。

门票：40元。

兰亭
The Orchid Pavilion

兰亭在绍兴市兰渚山下。传说春秋时越王勾践在这里种了兰花，汉代时又在这里设了驿亭，所以叫兰亭。

兰亭是东晋著名书法家王羲之居住的地方。王羲之是中国有名的书法家，被尊称为书圣，兰亭也因此成为了书法圣地。公元353年王羲之在这里写下了有名的《兰亭集序》。

兰亭布局以曲水流觞为中心，四周有鹅池、鹅池亭、流觞亭、小兰亭等。鹅池亭里有一座石碑，上面有"鹅池"两个字，相传这两个字是王羲之的手书。因为王羲之很喜欢鹅，在家里养了一群鹅，现在兰亭的鹅池里也养了几只鹅。

门票：40元。

大禹陵
The Dayu Mausoleum

大禹陵在绍兴市东南会稽山，相传这里是大禹的葬地。大禹用疏导的方式治理洪水，他工作很辛苦，"三过家门而不入"，是中国古代的治水英雄。大禹陵景区由禹陵、禹庙、禹祠三大部分组成，占地40余亩。

大禹陵修建在山的旁边，沿着山坡慢慢上去，游客可以一边爬山，一边了解历史文化知识。山顶有一座大禹的雕像，气势雄伟。在这里除了能了解大禹的故事，游客还能看到古代祭祀仪式，了解古人是怎样祭祀水神的。

门票：50元。

宁波
Ningbo

29

推荐星级：★★★★☆

人文历史：★★★★☆

交通便捷：★★★★★

自然景观：★★★☆☆

特色美食：★★★★☆

　　宁波，简称甬，是浙江省的经济中心及现代化国际港口城市，也是国家历史文化名城。宁波文化属吴越文化，当地人说宁波话。

　　宁波以"书藏古今，港通天下"著称于世。宁波历史悠久，属于典型的江南水乡和海港城市，是有7000多年文明史的"河姆渡文化"的发祥地。唐代，宁波成为"海上丝绸之路"的起点之一，与扬州、广州并称为中国三大对外贸易港口。宋代时又与广州、泉州同时列为对外贸易三大港口重镇。鸦片战争后成为"五大通商口岸"之一。现在的宁波是浙江省经济最发达的城市，人均收入居全国第四位，消费水平居全国第二位。宁波港是上海国际航运枢纽港的重要组成部分，已经与世界上600多个港口开通了航线。宁波还是著名的侨乡，有30多万宁波人居住在世界50多个国家和地区。

　　宁波也有很多文化名人，并且有深厚的藏书文化，"天一阁"就是国内现存最古老的藏书楼，已有400多年的历史，它是中国藏书文化的代表之作。在深厚的文化下的宁波也出现了很多传统工艺，比如骨木嵌镶、宁式家具、朱金木雕、金银彩绣等。

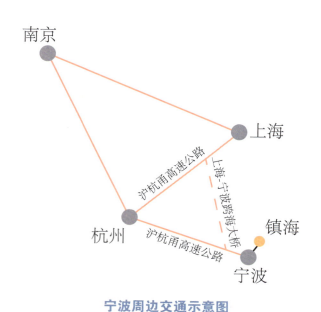

宁波周边交通示意图

<<<

交通指南：

汽车：在上海客运总站乘坐汽车，行程大概 2.5 小时；中途会经过全长 36 千米的世界第三长的跨海大桥——杭州湾跨海大桥。

火车：从上海虹桥火车站或者南站乘坐高铁或动车可到达，行程 2~4 小时。

门票信息： 各景点门票不同。

最佳季节： 3—5 月和 9—10 月最佳。5 月杨梅成熟季节，可登梅山，采杨梅，喝杨梅烧酒。秋季正是到石浦渔港吃海鲜的好季节。

知名特产： 海鲜、干海产品、余慈杨梅、奉化水蜜桃、余姚榨菜、宁波腊鸭、宁波油赞子、宁波汤圆和酒酿圆子。

河姆渡遗址
Hemudu Site

河姆渡遗址是中国晚期旧石器时代遗址，在距宁波市区大约20千米的余姚市河姆渡镇（1954年前属于浙江省慈溪市），面积约4万平方米，1973年开始发掘，是中国已发现的最早的新石器时期文化遗址之一。

1982年，国务院公布河姆渡遗址为第二批全国重点文物保护单位。河姆渡村建筑遗址是中国采用榫卯技术构筑木结构房屋的实例。

天一阁博物馆
The Museum of Tianyi Pavilion

天一阁是中国现存最早的私家藏书楼，也是亚洲现有最古老的图书馆和世界最早的三大家族图书馆之一。天一阁面积2.6万平方米，是明朝中期修建的，由当时的大臣范钦主持建造。

天一阁博物馆是综合性博物馆，它以藏书文化为特色，将社会、历史、艺术融于一体。博物馆环境幽雅、园林精美、建筑古朴，有浓厚的地方特色。除了有很多藏书以外，天一阁在防火、通风、防潮方面也有很大特色。

门票：30元。

老外滩
Ningbo Old Bund

宁波老外滩在宁波市三江口北岸的江北区。宁波老外滩于1844年开埠，在宁波市中心，在甬江、奉化江和余姚江三江交汇的地方。从唐朝开始就是最繁华的港口之一，曾经是"五口通商"中最早的对外开埠区，比上海外滩还早20年，是目前国内仅存的几个具有百年历史的外滩之一。宁波老外滩在1992年后开发，现在已经成为长江三角大景观之一。

面积8万平方米的老外滩，现在是宁波最顶级的社交平台，包括了城市建设展览馆、国际酒店、世界美食、城市公寓、行业会馆、生活天地等，成为一个高档次、多元化的商业街区。

东钱湖
Dongqian Lake

东钱湖又称钱湖、万金湖，是浙江省著名的风景名胜区，离宁波城东15千米。湖的东南边是山，湖的西北边是平原，是闽浙地质的一部分，是远古时期地质运动形成的天然泻湖。作家郭沫若先生称它为"西湖风光，太湖气魄"。

东钱湖由谷子湖、梅湖和外湖三部分组成，是浙江省最大的天然淡水湖，面积为杭州西湖的3倍，平均水深2.2米。

东钱湖开凿到现在已经有1200多年历史，经过多个朝代的开发更加漂亮。现在宁波东钱湖被列为中国湖泊生态环保试点。

门票：湖心景区30元；船票20元；陶公岛20元。

普陀山
Mount Putuo

30

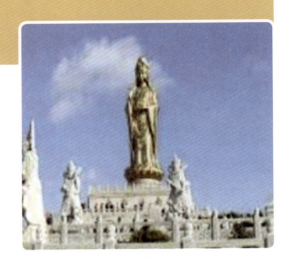

推荐星级： ★★★☆☆

人文历史： ★★★★☆

交通便捷： ★★★☆☆

自然景观： ★★★★☆

特色美食： ★★★☆☆

普陀山，与山西五台山、四川峨眉山、安徽九华山一起，被称为中国佛教四大名山，是观世音菩萨教化众生的道场。普陀山属于浙江舟山市，是舟山群岛1390个岛屿中的一个小岛，样子很像一条龙卧在海上，面积近13平方千米。普陀山对面就是舟山群岛的沈家门，一直有"海天佛国""南海圣境"之称，是第一批国家重点风景名胜区。

普陀山是全国最有名的观音道场、佛教圣地，寺院无论大小，都供奉观音大士，可以说是"观音之乡"了。每到农历二月十九、六月十九、九月十九分别是观音菩萨出生、出家、得道三大香会的时间，全山人山人海，寺院香烟缭绕，一派海天佛国的景象。普陀山的宗教活动是从秦朝开始的，唐朝海上丝绸之路的兴起，促进了普陀山观音道场的形成，并很快成为了汉传佛教的中心，传到东南亚及日本、韩国等国。有名的景点有普济禅寺、千步沙、观音立像等。

交通指南：

在上海黄浦旅游集散地（黄浦区外马路1588号，近地铁4号线南浦大桥站）可以乘坐直接到普陀山的大巴，全程4.5小时；也可以在上海南站客运站坐车到沈家门码头，再坐船到达普陀山。

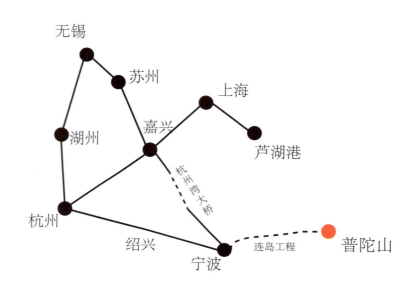

普陀山至周边城市交通示意图

门票信息：12月为淡季，门票140元；2—1月份为旺季，门票160元。正月初一至初五、"五一""十一"期间上浮至200元。

最佳季节：一年四季都可以游普陀山。夏季7、8、9月，可享受海水和沙滩的乐趣。

知名特产：黄鱼、墨斗鱼、"佛手""佛瓜"、普陀佛茶。

南海观音大佛
Guanyin Buddha

普陀山南海观音立像于 1996 年开始修建，1997 年农历六月完成。观音立像工程很大，是普陀开山以来最重要的事情，时任中国佛教协会会长赵朴初为"南海观音"题词。1997 年 9 月 29 日举行了开光大典，为普陀山增添了新的人文景观，成为海天佛国的象征。"千处祈求千处应，苦海常作渡人舟"的观音大士，是世上佛教信众的信仰中心。

门票：6 元。

普济禅寺
Puji Temple

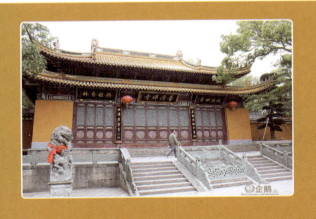

普济禅寺又叫前寺，在白华山南边、灵鹫峰下边，是供奉观音的主要寺庙。全寺占地 37019 平方米，建筑总面积 15289 平方米。寺里有大圆通殿、天王殿、藏经楼等，殿、堂、楼、轩共计 357 间。大圆通殿是寺庙的主要宫殿，也被称为"活大殿"，供奉着高 8.8 米的毗卢观音。普济禅寺与法雨禅寺、慧济禅寺一起被称为普陀山三大禅寺。

门票：5 元。

南天门
The Heavenly Southern Gate

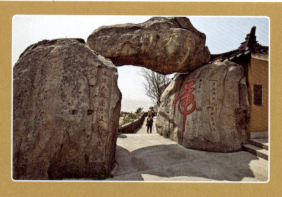

南天门在普陀山最南端，与本岛隔水相望，架有石桥，桥的样子很像龙，所以被称为环龙桥。

南天门是普陀山风景名胜区观赏山景、海景的最佳去处之一。这里有很多巨石，危岩高耸，中间有两块石头像门一样，所以被称为南天门。南天门有很多石刻，门侧有清康熙年间大将蓝理写的"山海大观"四个字，苍劲有力，引人注目。在南天门往远处看，可以看到对面的朱家尖的山峰，好像龙和老虎，新罗礁像乌龟一样浮在石牛港口的水面上，十分有趣。

千步沙
1000 Steps Sand

千步沙在普陀山的东部海岸，因为沙滩长度约为1000步，所以叫"千步沙"。它是普陀山上最大的沙滩，沙面宽阔平缓，沙质柔软细净。北边有一块很大的石头，立在沙滩上。如果水落下去的时候，石头就露出来，上面写着"听潮"两个字。沙滩上有石头做的台阶可以通往望海亭。

苏州
Suzhou

31

推荐星级：★★★★★

人文历史：★★★★★

交通便捷：★★★★★

自然景观：★★★★☆

特色美食：★★★★★

　　宋人古语："上有天堂，下有苏杭。"一句话就把苏州描摹得若三春少女，人见人爱。苏州坐落在水网之中，街道依河而建，水陆并行；建筑临水而造，前巷后河，形成"小桥、流水、人家"的独特风貌。唐朝诗人张继的一首《枫桥夜泊》，令古今游客争相来访枫桥，闻听寒山寺的钟声；姑苏城外灵岩、天平、天池和洞庭诸山等，点缀于太湖之滨，把东方传统文化中的精致与细巧发挥得淋漓尽致，渗透在城市的每一个角落。

　　苏州是国家首批公布的 24 个历史文化名城之一。从夏朝开始，苏州就有了文字记载，至今已逾 4000 年。这里古为吴地，是中华文明的发祥地之一。明清时期，苏州事实已为东南最发达的都会。这一时期，苏州也是全国主要的文化中心之一。明清两代苏州也建造了许多著名的私家园林，拙政园、留园、狮子林、网师园等都是当时遗留下来的经典园林。悠久的历史孕育了独特的姑苏文化。这里是吴文化的发祥地，也是历史形成的吴文化中心。可以说，整个古城的园林建筑、丝绸刺绣、民俗民风、绘画、书法、篆刻、诗文流派等方方面面都是姑苏的文化积淀。有被法国启蒙主义大师孟德斯鸠称为"鬼斧神工"的苏州古城及在其基础上形成的水巷风貌，有令著名爱国诗人屈原叹服的"吴戈"，有巧夺天工被列为世界文化遗产的古典园林，有美轮美奂的丝绸，有名列全国四大名绣之一的"苏绣"，有古朴凝重的"香山帮"建筑，有精细雅致的吴中工艺等。同时，还有"百戏之祖"的昆曲，被称为中国最美声音的苏州评弹，名家辈出的吴门画派，历史上被称为"南桃北杨"的桃花坞木刻年画等。在苏州市各博物馆内，可全面观赏、触摸到苏州艺术文化的精华。

交通指南：

火车（推荐）：在虹桥火车站或者上海站乘坐高铁到苏州，约30分钟。

汽车：在上海客运南站或者客运总站乘坐汽车，约1.5小时。

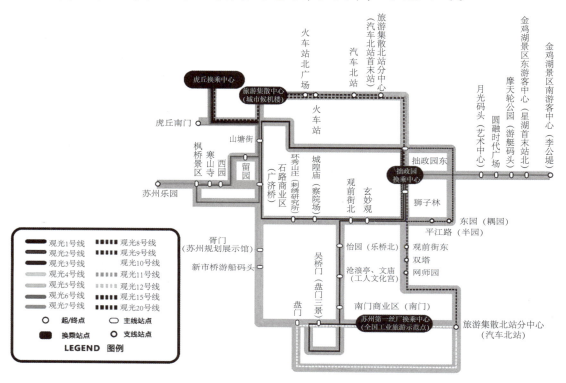

苏州市景点交通示意图

门票信息：

虎丘60元（旺季），40（淡季）；

拙政园90元（旺季），70元（淡季）；

狮子林30元（旺季），20元（淡季）；

留园55元（旺季），45元（淡季）。

最佳季节：春、夏、秋、冬。

知名特产：碧螺春茶、桃花坞年画、糕点、阳澄湖大闸蟹。

拙政园
Humble Administrator Garden

　　挫政园始建于明朝正德初年（16世纪初），是江南古典园林的代表作品。与北京颐和园、承德避暑山庄、苏州留园一起被誉为中国四大名园。

　　拙政园是苏州现存的最大古典园林。全园以水为中心，山水萦绕，厅榭精美，花木繁茂，具有浓郁的江南汉族水乡特色。花园分为东、中、西三部分，东花园开阔疏朗，中花园是全园精华所在，西花园建筑精美，各具特色。园南为住宅区，体现了典型江南地区汉族民居多进的格局。

虎丘
Huqiu Mountain

　　虎丘，又名海涌山，位于苏州古城西北，海拔34.3米，占地约20公顷，山体为距今一亿五千万年的中生代侏罗纪时代喷发的岩浆凝结而成的流纹岩。

　　相传春秋时吴王夫差葬其父阖闾于此，葬后三日有白虎踞其上，故名虎丘。一说"丘如蹲虎，以形名"。

　　虎丘塔，又称云岩寺塔，是驰名中外的宋代古塔，自明代起，由于地基原因，虎丘塔就向西北倾斜，塔顶中心偏离底层中心2.3米，斜度2°40′，被称之"东方比萨斜塔"。

留园
Lingering Garden

留园为中国大型古典私家园林，占地面积23300平方米，代表清代风格，以建筑艺术精湛著称。厅堂宏敞华丽，庭院富有变化，太湖石以冠云峰为最，有"不出城郭而获山林之趣"。其建筑空间处理精湛，造园家运用各种艺术手法，构成了有节奏、有韵律的园林空间体系，成为世界闻名的建筑空间艺术处理的范例。现园分四部分，东部以建筑为主，中部为山水花园，西部是土石相间的大假山，北部则是田园风光。

狮子林
Lion Forest Garden

狮子林始建于元代至正二年（1342年），是汉族古典私家园林建筑的代表之一。

因园内"林有竹万，竹下多怪石，状如狻猊（狮子）者"，又因天如禅师惟则得法于浙江天目山狮子岩普应国师中峰，为纪念佛徒衣钵、师承关系，取佛经中狮子座之意，故名"狮子林"。

狮子林建筑可分祠堂、住宅与庭园三部分，现园子的入口原是贝氏宗祠，有硬山厅堂二进。

常州
Changzhou

32

推荐星级：★★★★☆

人文历史：★★★★☆

交通便捷：★★★★☆

自然景观：★★★★☆

特色美食：★★★☆☆

常州是一座具有3200多年历史的国家文化名城，常州是长江文明和吴文化的发源地之一，也是南朝齐梁故里。常州境内风景名胜、历史古迹较多，有中华恐龙园、嬉戏谷、春秋淹城等主题公园和天目湖、南山、太湖湾等自然风景区。

从古吴文化至南北朝、从隋唐至明代、贯穿整个清代、再从清末至民国，朝代的兴衰更替，使得常州历史文化渊源流长。现有名胜古迹众多，著名的有国内外罕见的最为古老的地面城池——淹城遗址；建于唐代、号称"东南第一丛林"的天宁寺；因苏东坡来常州并泊舟而得名的舣舟亭；始建于南朝的文笔塔；建于唐昭宗年间的红梅阁等。

常州还有"天下名士有部落，东南无与常匹俦"的美誉，老城人杰地灵，古代的状元多来自常州。灿烂的历史文化为它留下了诸多美丽的印记。位于常州新区的中华恐龙园于千禧龙年一炮打响，又着实给"龙城"常州带来了无限生机。天目湖景区位于常州溧阳（距常州火车站约80 km），秀美、野趣、三绝是天目湖景区的三大特色。

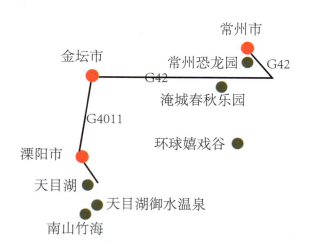

常州市景点示意图

交通指南：

火车（推荐）：在上海虹桥火车站乘坐高铁到常州，约1小时。

汽车：在上海客运南站或者客运总站乘坐汽车，3小时到达。

门票信息：天目湖山水园 120 元；南山竹海 90 元；常州恐龙园 230 元；常州嬉戏谷 180 元（学生票）；春秋淹城 120 元（网上订学生票），170 元（学生票）。

最佳季节：春秋两季。

知名特产：加蟹小笼包、糕点、天目湖鱼头汤、溧阳白茶。

天目湖
Tianmu Lake

天目湖山水园融合了状元文化、慈孝文化、生态文化、茶文化等主题项目。共分为五大游览区域，分别是湖里山传统文化区、龙兴岛生态休闲区、茶文化综合展示区、环湖游览区。

南山竹海以竹文化和寿文化为主题，拥有3.5万亩翠竹，是国家5A级景区。景区山水相映，风光旖旎，有"天堂南山、梦幻竹海"之美誉。

御水温泉位于南山竹海风景区的石岩里古村落，是国家5A级景区、中国十大温泉之一。

天目湖水世界有丰富的水上娱乐项目。

常州恐龙乐园
China Dinosaur Park

收藏展示中国恐龙化石最全的博物馆。巨大的恐龙化石重现了恐龙主宰的世界，让每一位游客对4亿5千万年前的庞然大物有所了解。其中华龙鸟、巨型山东龙、许氏禄丰龙为三大镇馆之宝。

还有恐龙园的经典游乐项目"穿越侏罗纪"，全新推出的5D动感电影，带你穿越雨林，重返侏罗纪王国。

环球动漫嬉戏谷
Joy Land

环球动漫嬉戏谷，以"动漫艺术、游戏文化"为主题，将超前的数字娱乐和高科技完美融合。通过游戏虚拟场景局部实景化的手段，将一个从未有过的、神秘未知的、超越现实的"奇幻世界"带入现实！你，将以主角的身份，在现实中演绎"穿越奇幻世界"之神话传奇。项目有撕裂星空、云之秘境、天幕幻想、兽血征程、中华龙塔、嬉戏海等。

淹城春秋乐园
Yancheng Chunqiu Amusement Land

中国春秋淹城旅游区位于常州市武进区中心城区。景区核心部分——春秋淹城遗址，占地1000亩，距今已有2500多年的历史，考古确认为春秋时期所筑。其保存完好的"三城三河"，是我国春秋时期至今保存最完整、

最古老的地面城池遗址。它独特的建筑形制在国内乃至世界堪称筑城之最。

镇江
Zhenjiang

33

推荐星级：★★★☆☆

人文历史：★★★☆☆

交通便捷：★★★★☆

自然景观：★★★☆☆

特色美食：★★★☆☆

　　说起镇江，大多数人都是从"白娘子水漫金山寺"的神话故事而认识了金山，再了解到镇江的。来到镇江，古老的街道，灰暗破落的建筑，让人仿若置身于一部老电影。这里虽没有其他江南城市的绚丽，却拥有着自己独有的文化底蕴。

　　历史文化名城镇江，至今已有2500多年的历史。东汉末年，孙权从苏州迁到镇江建都，定名京城，不久又西迁南京，镇江改称京口。千百年来，历代名流大家纷至沓来，放歌题咏，挥毫泼墨，李白、白居易、苏轼、陆游、文天祥等人都留下了瑰丽的诗文。更有《白蛇传》的"水漫金山"、《三国演义》的"甘露寺招亲""梁红玉击鼓战金兵"等神话传说和历史故事，给镇江增添了神奇美丽的色彩。镇江曾经是江苏省省会，江苏大学位于镇江市。

　　镇江旅游资源丰富，名胜古迹众多。镇江旅游景点以其城在山中、山在城中，形成了"城市山林""真山真水"的独特风貌。美食也是镇江旅游的一大特色。镇江美食以淮扬菜系为特色，兼收南北风味，有高档特色菜肴皇家食谱"乾隆御宴"，著名小吃"镇江三怪"中，镇江香醋更是驰名中外。

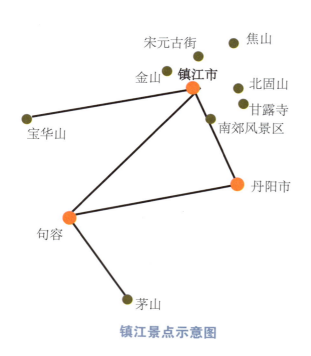

镇江景点示意图

交通指南：

火车（推荐）：在上海虹桥火车站乘坐高铁到镇江，约1.5小时。

汽车：在上海客运南站或者客运总站乘坐汽车，3.5小时到达。

门票信息：

金山寺65元（旺季）、50元（淡季）；

焦山65元（旺季）、50元（淡季）；

北固山40元（旺季）、30元（淡季）。

最佳季节：四季皆宜，春秋最佳。

知名特产：镇江香醋、锅盖面、水晶肴肉。

金山
Jinshan Hill

　　金山风景幽绝，形胜天然，自古为我国游览胜地之一。古代金山原是屹立于长江中流的一个岛屿，有"江心一朵美芙蓉"之称誉。唐代张祜描述为"树影中流见，钟声两岸闻"；北宋沈括赞颂曰："楼台两岸水相连，江北江南镜里天"。金山原为扬子江中的一个岛屿，由于"大江东流"，至清光绪末年（1903年）左右与陆地连成一片。

　　天下第一泉又名中泠泉、南泠泉，在金山以西一里之遥。唐代时就已闻名天下。

北固山
Beigu Hill

　　北固山是长江边的"京口三山"之一，位于另两座山金山和焦山中间，海拔55.2米。山上的景点多与《三国演义》中的故事有关，以甘露寺最为出名，是故事里刘备招亲结识孙尚香的地方。古往今来，游客到北固山都为寻访三国英雄的足迹。辛弃疾游北固山曾留下"天下英雄谁敌手？曹刘，生子当如孙仲谋"的名句。

　　登多景楼，看波澜壮阔的长江，西望金山，东望焦山！

焦山
Jiao Hill

焦山，系"镇江三山"（另两座是金山和北固山）名胜之一，一向以山水天成、古朴幽雅闻名于世。其碧波环抱，林木蓊郁，绿草如茵，满山苍翠，宛然碧玉浮江，是万里长江中唯一四面环水的游览岛屿，与对岸象山夹江对峙，正所谓"万川东注，一岛中立"，有江南"水上公园"之喻，被誉为"江中浮玉"。

焦山高71米，周长2000余米，因东汉焦光隐居山中而得名。

西津古渡
Xijin Ferry

古渡位于镇江市区西北，从金山公园往东步行15分钟就能到。这里有一片历史气息浓郁的老房子，著名的西津渡古街就坐落于此。西津渡自三国时期便是渡口码头，后因江岸逐渐北移，渡口早已不在，只留下西津渡古街搁在云台山的山腰上。

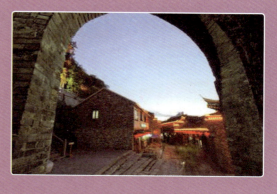

从东边登几十步台阶便可上到山腰的西津渡古街，越往西走地势越低。古街铺满老旧的青石板，两侧是青砖砌成的传统民居和山墙，很显沧桑。

无锡
Wuxi

34

推荐星级：★★★★☆

人文历史：★★★★☆

交通便捷：★★★★☆

自然景观：★★★★★

特色美食：★★★★☆

　　"太湖明珠"无锡是国家历史文化名城，距今已有3000多年的历史。无锡自古物产丰富，富庶江南，是中国著名的"鱼米之乡"，素有布码头、钱码头、窑码头、丝都、米市之称。无锡在明代就形成了发达的手工业，19世纪中期，无锡和九江、长沙、芜湖合称为"中国四大米市"。太湖中出产的各种水产品种达数十种，尤其以银鱼、蟹最为著名。

　　"太湖美，美就美在太湖水"。无锡风光具山水之胜，共河湖之美，兼人工之巧。鼋头渚被誉为"太湖佳绝处"，灵山大佛为世界上最高（88米）的露天青铜释迦牟尼立像；东林书院、清名桥、南禅寺，古色古香中蕴含着无锡的悠久历史；江南名园寄畅园、天下第二泉、蠡园、梅园则展现了无锡的园林秀色。无锡中视影视基地（三国城、水浒城、唐城）也是一个知名的旅游景点。

无锡景点示意图

交通指南：

火车（推荐）：在上海虹桥火车站乘坐高铁到无锡，每小时都有，约45分钟。

汽车：在上海客运南站或者客运总站乘坐汽车，约2小时到达无锡。

在无锡市内乘坐公共交通时可以使用上海公交卡。

门票信息：鼋头渚景区105元，灵山大佛210元。1.2米以下儿童、70周岁及以上老人、残疾人凭证免费；1.2~1.5米儿童、学生、60~69周岁老人凭证半价。

最佳季节：春秋两季。

知名特产：惠山泥人、无锡酱排骨、无锡油面筋、无锡三白。

鼋头渚
Tortoise Head Garden

来无锡必游太湖，游太湖必游鼋头渚。鼋头渚是横卧太湖西北岸的一个半岛，位于无锡，因巨石突入湖中形状酷似神龟昂首而得名。鼋头渚的风光是山清水秀，浑然天成，为太湖风景的精华所在，故有"太湖第一名胜"之称。当

代大诗人郭沫若的"太湖佳绝处，毕竟在鼋头"的诗句赞誉，更使鼋头渚风韵流扬境内海外。行湖春波吻石，碧水和天一色；凌山巅高阁振翼，孤鹜落霞齐飞。远眺湖光朦胧，鸟屿沉浮；近览山峦迭翠，亭台隐约。月晨日夕，景色幻变，雨雪天气，情趣迥异。仲春四月，樱妍春桥，天高秋日，兰香小兰亭，各具风采。

灵山大佛
Grand Buddha at Lingshan

灵山大佛是无锡的标志之一，坐落于无锡马山秦履峰南侧，1997年建造而成。大佛所在位置系唐玄奘命名的小灵山，故名灵山大佛。

灵山大佛的塑造，依据佛经如来三十二形相的记载完成。大佛慈颜微笑，广视众生，右手"施无畏印"代表除却痛苦，左手"与愿印"代表给予快乐，均为祝福之相。整个佛像形态庄严圆满，安详凝重而细致，显现佛陀慈悲的法相。

九龙灌浴表演时间：10：00—11：30，14：30—16：30。吉祥颂演出时间：10：30—11：30，14：00—16：00。

梅园
Plum Garden

梅园以梅花驰名。园中有梅树4000多株，盆梅2000多盆，品种近40个。

无锡梅园为著名民族工业家荣宗敬、荣德生兄弟以"为天下布芳香"的宗旨而建。此园遥临太湖烟波，背倚龙山翠屏，倚山建园，以梅饰山，近山远水，虚实相映，构成一幅天然图画。早春季节，梅花盛开，这里一片"香雪海"，香气馥郁，沁人心肺。

影视基地
Wuxi Film and Television Base

无锡影视基地拥有大规模的古典建筑群体，CCTV为拍摄电视剧《唐明皇》《三国演义》《水浒传》，相继建成了唐城、三国城和水浒城三大景区。

三国城内主要景点有吴王宫、后宫、甘露寺、汉鼎、曹营水寨、吴营水寨、周瑜点将台等；水浒城内主要景点有皇宫、樊楼、清明上河街、御街、紫石街、水泊梁山等；唐城内的建筑金碧辉煌，主要景点有御花园、华清池、唐宫等。另外还有"老北京四合院""老上海一条街"等明清风格的建筑景观。

南京
Nanjing

35

推荐星级：★★★★★

人文历史：★★★★★

交通便捷：★★★★☆

自然景观：★★★★☆

特色美食：★★★★☆

　　南京是江苏省的省会。"江南佳丽地，金陵帝王州"。南京有着6000多年的文明史、近2600年的建城史和近500年的建都史，是中国四大古都之一，有"六朝古都""十朝都会"之称，是中华文明的重要发祥地。历史上南京曾数次庇佑华夏之正朔，长期是中国南方的政治、经济、文化中心，具有厚重的文化底蕴和丰富的历史遗存。

　　南京的每一处古迹，均带有浓厚的人文色彩，参观任何一个遗址，都意味着与沉重的历史对话。这座城市的长处，还在于它的历史，在于它独特的人文。"金陵自古帝王州"，从中古到近现代，继孙吴之后，东晋、宋、齐、梁、陈、南唐、明、太平天国以及中华民国先后定都南京，留下了丰富的文化遗产。1368年朱元璋定都南京，建立了大明王朝，再一次将南京提升成为全国的政治、经济和文化中心，明代的南京始终具有举足轻重的地位。

　　南京是一个美丽的城市，历史底蕴深厚，自然景观和人文景观都很不赖，有很多很好看的地方能够领略到浓郁的文化气息。总统府印象深刻，夜游秦淮河也很不错。春天，梅花山上梅花盛开，景致迷人；秋天，栖霞山上红叶如火，层林尽染。

交通指南：

火车（推荐）：在上海虹桥火车站乘坐高铁到南京，约 2 小时。

汽车：在上海客运南站或者客运总站乘坐汽车，3.5 小时到达。

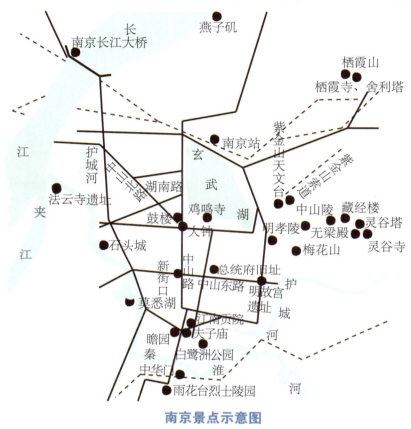

南京景点示意图

门票信息：

中山陵景区、夫子庙景区、玄武湖景区免费；

明孝陵景区 70 元，紫金山天文台 15 元；

总统府 40 元；

最佳季节： 四季皆宜，春秋最佳。

知名特产： 盐水鸭、鸭血粉丝汤、雨花石、南京云锦。

夫子庙秦淮河风光带
Confucius Temple and Qinhuai River

夫子庙秦淮风光带是指以夫子庙为中心的秦淮河一带，包括两岸的街巷、民居及附近的古迹、风景点等。这一带自古以来都是南京最繁华的地方之一，也是众多游客来到南京的必玩之处。

在这里不仅能看到古都南京的历史建筑，还能吃到最地道的秦淮风味名点小吃。深入到街巷中或是泛舟秦淮河，可以从不同视角感受河畔风土人情。夜晚时四处亮起彩灯，无比辉煌，"夜泊秦淮"更是美妙。

中山陵
Sun Yat-sen Mausoleum

中山陵是孙中山的陵墓。整个建筑群依山势而建，由南往北排列在一条中轴线上，墓地全局呈"警钟"形图案，被誉为"中国近代建筑史上的第一陵"。中山陵包括博爱坊、墓道、陵门、碑亭、祭堂和墓室等建筑。陵墓入口广场有高大的花岗岩牌坊，上面是孙中山手书的"博爱"两个金字。往北走过博爱坊，就是近400米长的墓道，共有392级石阶，落差73米。沿墓道前行到达陵门，顶上是青色的琉璃瓦，门额上写着"天下为公"四个大字。

总统府
Office of the President

南京总统府不仅是民国政府的中央所在地，之前还是太平天国的天王府、两江总督衙门，而康熙、乾隆下江南时也曾以此为行宫。1912年元旦，孙中山就是在这里就任临时大总统。如今，总统府已成为中国最大的近代史博物馆。

这是一座中西结合的院落，既有设计精细的西式办公楼、高耸的圆柱、深邃的回廊，又有清幽雅致的中式园林。目前，总统府分为中、西、东三个参观区域，分布着一系列的史料展馆和复原陈列，还有一些再现历史场景的人物蜡像。

玄武湖
Xuanwu Lake

玄武湖古名桑泊、后湖，位于钟山脚下，是中国最大的皇家园林湖泊，也是江南最大的城内公园，与嘉兴南湖、杭州西湖并称"江南三大名湖"。玄武湖分为五块绿洲，荟萃了许多名胜古迹，现在是南京最大的文化休闲公园。

从南京火车站出来，南面就是环湖路，你可以环湖漫步，欣赏玄武湖的景色。也可以乘坐脚踏船或电动船来游湖，在湖上看五洲及周围的城市风光，十分惬意。当然，要领会玄武湖的美，还需上到五洲去步行，慢慢游览。

扬州
Yangzhou

36

推荐星级：★★★★☆

人文历史：★★★★☆

交通便捷：★★★☆☆

自然景观：★★★★☆

特色美食：★★★★★

  扬州，是一座古老的历史文化名城。自公元前486年吴王夫差开邗沟、筑邗城至今，扬州建城已经2484年。隋代开通大运河后，扬州成为中国东南地区政治、经济、文化活动的中心，以及国际交往、对外贸易的重要港埠。唐代扬州，富甲天下，"四方豪商巨贾侨寄居者，不下数十万"。唐以后，曾几度兴衰。清代再度出现"广陵繁华今倍昔"的兴旺景象。著名的京杭大运河纵贯其境。这里风光秀丽、人文荟萃，是中国政府首批公布的24座历史文化名城之一。

  "天下三分明月夜，二分无赖是扬州。""淮左名都""富甲天下"的扬州城，是驰名中外的旅游胜地，素来是人文荟萃之地，风物繁华之城，有众多的名胜古迹和雅致园林。扬州的瘦西湖历史悠久，受历代造园专家的青睐，在十里长的湖区两岸，营造了"两堤花柳全依水，一路楼台直到山"的湖区胜境；观音山上寺院遍布，有"江南第一灵山"之称；"二十四桥明月夜，玉人何处教吹箫"，自古是赏月的绝佳处。扬州还有历史悠久的古刹大明寺，有"城市山林"美誉的何园，春夏秋冬四季假山著称的个园，有隋炀帝、康熙、乾隆等皇帝留下的行宫遗址等，美景数不胜数，实是江南瑰宝。

扬州景点示意图

交通指南：

火车（推荐）：在上海虹桥火车站乘坐高铁到镇江，约1.5小时，换乘大巴前往扬州，约40分钟。

汽车：在上海客运南站或者客运总站乘坐汽车，4小时到达。

扬州城不大，可以步行游遍知名景点。

门票信息：

联票220元（旺季）、180元（淡季）；

瘦西湖150元（旺季）、120元（淡季）；

大明寺、个园、何园45元（旺季）、30元（淡季）。

最佳季节：四季皆宜，春秋最佳。

知名特产：扬州炒饭、包子、扬州干丝、牛皮糖、高邮双黄咸鸭蛋、盐水鹅、扬州漆器。

瘦西湖
Slender West Lake

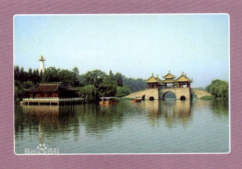

清代，康熙和乾隆两位皇帝均6次南巡来此，对这里的景色赞赏有加。

五亭桥建于清乾隆二十二年，至今已有200多年的历史。桥上建有极富南方特色的五座风亭，亭上有宝顶，亭内绘有天花，亭外挂着风铃。五亭桥的桥墩由12块大青石砌成，形成厚重有力的"工"字型桥基。五亭桥的桥身由大小不一、形状不同的卷洞组成。如果乘船从桥下穿过，可以看到五亭桥一共有15个桥洞，洞洞相连，洞洞相通。

瘦西湖主要包括14大景点，包括五亭桥、二十四桥、荷花池、钓鱼台寺。2014年，被列入世界文化遗产名录。

大明寺
Daming Temple

大明寺因初建于南朝宋孝武帝大明年间（457—464年）而得名。内有平山堂、鉴真纪念堂、天王殿、牌楼、西园、栖灵塔等建筑。

平山堂为北宋庆历年间欧阳修任扬州太守时建。

鉴真纪念堂是大明寺最有特色的建筑，鉴真东渡日本前，曾为大明寺住持。从唐天宝元年（742年）起，先后10余年，历尽艰险，至第六次东渡成功，将中国佛学、医学、语言文学、建筑、雕塑、书法、印刷等介绍到日本，为发展中日两国的文化交流作出了重要的贡献。

何园
He Family Garden

何园，坐落于江苏省扬州市的徐凝门街66号，又名"寄啸山庄"，是一处始建于清代中期的汉族古典园林建筑，被誉为"晚清第一园"。何园面积1.4万余平方米，建筑面积7000余平方米。

何园由清朝光绪年间何芷舠所造，片石山房系石涛大师叠山作品。

个园
Geyuan Garden

清代扬州的盐商开始营造园林，至今还保留着许多优秀的古典园林。其中历史最悠久、保存最完整、最具艺术价值的，要算坐落在古城北隅的个园了。个园由两淮盐业商黄至筠建于清嘉庆23年。

个园以竹石取胜，连园名中的"个"字，也是取了竹字的半边，应合了庭园里各色竹子，主人的情趣和心智都在里面了。

泰州
Taizhou

37

推荐星级： ★★☆☆☆

人文历史： ★★☆☆☆

交通便捷： ★★☆☆☆

自然景观： ★★★☆☆

特色美食： ★★★★☆

　　泰州，南唐时（公元937年）为州治，取"国泰民安"之意，始名泰州。泰州是中国历史文化名城，地处长江下游北岸、长江三角洲北翼，是上海都市圈的中心城市之一。泰州有2100多年的建城史，秦称海阳，汉称海陵，州建南唐，文昌北宋，兼融吴楚越之韵，汇聚江淮海之风。千百年来，风调雨顺，安定祥和，被誉为祥瑞福地、祥泰之州。这里人文荟萃、名贤辈出，"儒风之盛，素冠淮南"。王艮、刘熙载、施耐庵、郑板桥、梅兰芳是泰州文化艺术史上的杰出代表。

　　泰州是承南启北的水陆要津，为苏中门户，自古有"水陆要津，咽喉据郡"之称。700多年前，马克·波罗游历泰州，称赞"这城不很大，但各种尘世的幸福极多"。泰州市名胜古迹和旅游景点较多，有中国人民解放军海军诞生地纪念馆、渡江战役指挥部旧址纪念馆、新四军黄桥战役纪念馆及东进谈判旧址、杨根思烈士陵园、中共江浙区泰兴独立支部纪念馆等现代革命历史纪念场馆，由泰兴古银杏群落森林公园、溱湖国家湿地公园、兴化垛田千岛湿地奇观、兴化水上森林、凤凰河国家水利风景区、河横生态农业科技示范区等自然风光，有泰州学政试院、杏花船厅、兴化郑板桥故居纪念馆、梅兰芳故居纪念馆、庆云禅寺、曲江楼、乔园、岳武穆祠和五代铜钟等文物古迹。

交通指南：

在上海客运南站或者客运总站乘坐汽车，3.5小时到达。

泰州城不大，可以步行游遍市中心知名景点。可乘坐溱潼旅游专线前往溱湖国家湿地公园。

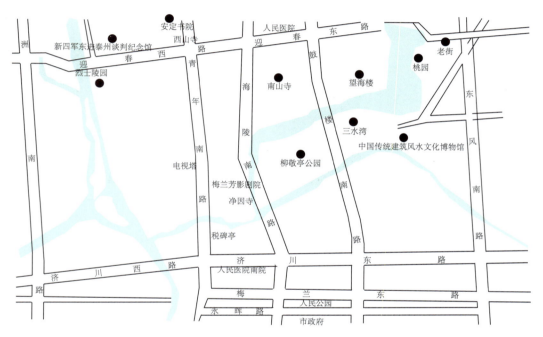

泰州景点示意图

门票信息：

溱湖国家湿地公园100元；

凤城河风景区90元；

李中水上森林公园80元；

天德湖公园免费。

最佳季节：春季、夏季。

知名特产：黄桥烧饼、猪肉脯、麻油、麻糕、麻饼、溱湖八鲜、皮蛋。

146

溱湖国家湿地公园
Qinhu National Wetland Park

溱湖国家湿地公园位于泰州市东北郊，拥有大片的湖面和纵横的河道，到处都是水草和芦苇。你可以在木头栈道上散散步，或者坐游船行于河道，欣赏优美的湿地风光。园区里还能看到麋鹿、水鸟等动物，据说在远古这里就是麋鹿的故乡。

景区被中间的溱湖隔成东西两块，西边是入口区域，东边是主景区。要进入主景区，必须在入口区域的候船大厅坐班船到达，景区门票包含了往返班船。

凤城河风景区
Fengcheng River Scenic Area

凤城河畔，望海楼、桃园景区内30多个景点汇集了泰州历史、戏曲、民俗、商贾四大特色文化。景区内核心景观望海楼始建于宋，明清重建，更领江淮雄风，国学大师文怀沙老人称其为"江淮第一楼"。

泰州老街，是泰州的商业街、文化街，老街建筑全部为古明清风格，恢复了古明清时代泰州的老字号、老商铺，再现了明清时代泰州的商贾文化。可以在老街品尝大炉烧饼、鱼汤面、金三麻糕点等泰州本土特色小吃。

李中水上森林公园（兴化市）
Lizhong over the Water Forest Park

李中水上森林公园是江苏省最大的人工生态林，10万余株水杉、池杉等品种树木已长成高大茂密、生机盎然的水上园林。这个天然大氧吧是都市人回归自然的好去处。

可以乘坐木筏漂流进入景区，缓缓漂流在河道间，看两旁大片的池杉、水杉扎根于水中，屹立而起、高耸入云，俨然一片绿色水上森林。林中鸟类品种繁多，树梢上的鸟巢随处可见。

也可以徒步参观，"林中有水、水中有鱼、林内有鸟"是李中水上森林的公园的特色。

天德湖公园
Tiandehu Park

天德湖公园位于泰州市区南郊，曾是泰州园博园的举办地。公园中部拥有大片湖面，湖周围绿化很好，可以沿湖散步、垂钓，在大草坪上放风筝、烧烤，夏日湖中荷花盛开，可以赏荷。从西边的入口进，是原来的园博园区域，有江

苏省13个城市的专题展园，每一个展园都按照自己的城市风光特色来打造。从东边的入口进，是活动区域，在这里可以参观科技馆，在公园的东南角还有拓展训练基地，可以玩真人CS。租一辆自行车在公园里骑行也是不错的选择。

南通
Nantong

38

推荐星级：★★★☆☆

人文历史：★★★★☆

交通便捷：★★☆☆☆

自然景观：★★★☆☆

特色美食：★★★★☆

在中国近代文化科教史上，南通诞生了第一所师范学校、第一座民间博物苑、第一所纺织学校、第一所刺绣学校、第一所戏剧学校、第一所中国人办的盲哑学校和第一所气象站等"七个第一"，被称为"中国近代第一城"。

南通市依江傍海，景色宜人，为远近闻名的花园式城市。城内濠河绕城而过，亭台轩榭掩映其间。南通博物苑、定慧禅寺、支云塔、光孝塔、文峰公园等临山面水，文化底蕴与宜人风光交相辉映。城南五山之首——狼山，为全国佛教八小名山之首，是南通最值得一去的地方。

南通历代人文荟萃，名贤辈出。张謇是中国近代实业家、政治家、教育家，他主张实业救国，是中国棉纺织领域早期的开拓者。他创办了中国第一所纺织专业学校，开中国纺织高等教育之先河；他首先建立棉纺织原料供应基地，进行棉花改良和推广种植工作；他以家乡为基地，努力进行发展近代纺织工业的实践，为中国纺织业的发展壮大作出了重要贡献。他一生创办了20多个企业、370多所学校（包括复旦大学、东华大学、南通大学等），为中国近代工业的兴起和教育事业的发展作出了巨大贡献，被称为"状元实业家"。

<<<<

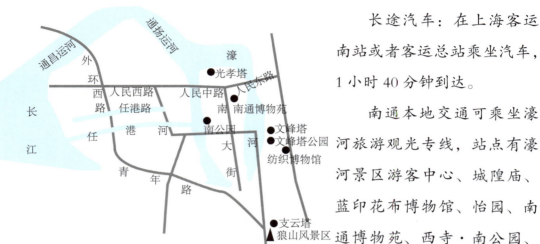

南通景点分布示意图

交通指南：

长途汽车：在上海客运南站或者客运总站乘坐汽车，1小时40分钟到达。

南通本地交通可乘坐濠河旅游观光专线，站点有濠河景区游客中心、城隍庙、蓝印花布博物馆、怡园、南通博物苑、西寺·南公园、盆景园、濠西书苑、珠算博物馆。发车间隔30分钟。

门票信息：

濠河风景区40元（含船票）；

狼山风景区70元；

南通博物苑免费；

中国珠算博物馆免费。

最佳季节： 春季、夏季。

知名特产： 西亭脆饼、火饺、如皋火腿、吕四海鲜、蓝印花布、风筝。

濠河风景名胜区
Hao River Scenic Area

濠河原是南通的护城河，史载"城成即有河"，已有1000多年的历史。整个濠河曲曲折折，迂回激荡，呈倒置的葫芦形状环抱老城区，形成了"水抱城、城拥水，城水一体"的独特风格，素有"江城翡翠项链"之称。

景区内有中国第一座纺织专业博物馆，人称"纺织大观园"；还有天宁寺、光孝塔等。

曲水回环，绕城而流，景观丰富，林木葱郁。亭台桥榭掩映其间，画舫游艇荡漾水中。远近闻名的花园式城市南通城之美，得益于濠河。

狼山风景区
Wolf Hill Scenic Area

狼山风景名胜区是江苏省著名的六大风景区之一，位于南通市南郊，是著名的自然风景区，由狼山、马鞍山、黄泥山、剑山和军山组成，通称五山。相传狼山曾有白狼居其上，又传因山形似狼而得名。

狼山名胜古迹众多，法堂内陈列着艺术珍品十八高僧瓷砖壁画。拾级而上，金刚殿、大悲殿、藏经楼、三贤祠、葵竹山房，直至山颠的大观台、圆通宝殿、千年古塔、大圣殿栉比鳞次，加上星罗棋布、如珠宝串缀的平倭碑、白雅雨烈士墓、初唐四杰之一的骆宾王墓以及康熙御书碑亭等令人目不暇接。

南通博物苑
Nantong Museum

南通博物苑位于南通市区濠河东南部，由中国早期现代化的先驱、晚清状元张謇于1905年创办，是中国人独立创办的第一座公共博物馆。

博物苑分为新馆和老馆两部分。新馆位于园区的西南侧，这里可以看到精品玉雕、瓷器等文物。老馆包括几栋民国时期的建筑，主要有东、南、西、北、中五个小展馆，以及濠南别业（张謇先生故居），展示了张謇的生平介绍与博物苑早期的一些收藏品。

中国珠算博物馆
China Abacus Museum

珠算是古代劳动人民的伟大创造。来到中国珠算博物馆，当你拾阶而上步入展厅时，精美的展品、古朴的色调、浓郁的文化氛围，让你在时空的嬗变中，在历史与未来的交融中，感受珠算的发展历程与深厚底蕴，了解珠算在社会经

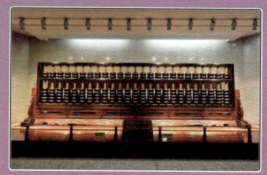

济发展中的地位和作用，惊叹算盘精品的美轮美奂，看到珠算对世界文明做出的伟大贡献。

馆内设有珠算史厅、算盘精品厅和紫檀算盘厅。

黄山
Yellow Mountain

39

推荐星级：★★★★★

人文历史：★★★★★

交通便捷：★★★★☆

自然景观：★★★★★

特色美食：★★★★☆

　　黄山位于安徽省南部黄山市境内，风景区面积160.6平方千米，是我国最著名的山岳风景区之一。黄山也是著名的避暑胜地、国家级风景名胜区和疗养胜地，入选了"中国旅游胜地四十佳"，并于1985年入选全国十大风景名胜。1990年12月被联合国教科文组织列入《世界文化与自然遗产名录》，2004年2月入选世界地质公园。

　　黄山集名山之长：泰山之雄伟，华山之险峻，衡山之烟云，庐山之飞瀑，雁荡山之巧石，峨眉山之清凉。明代旅行家、地理学家徐霞客两游黄山，赞叹说："登黄山天下无山，观止矣！"又留"五岳归来不看山，黄山归来不看岳"的美誉。更有"天下第一奇山"之称。可以说无峰不石，无石不松，无松不奇，并以奇松、怪石、云海、温泉这"黄山四绝"著称于世。其二湖、三瀑、十六泉、二十四溪相映争辉，春、夏、秋、冬四季景色各异。黄山还兼有"天然动物园和天下植物园"的美称，有植物近1500种、动物500多种。

交通指南：

火车（推荐）：在上海虹桥火车站，乘坐 G1509(8:27 出发，当天 13:13 到达)。

高速大巴：从上海南站出发，耗时约 6 小时，抵达黄山景区南大门的汤口镇内。

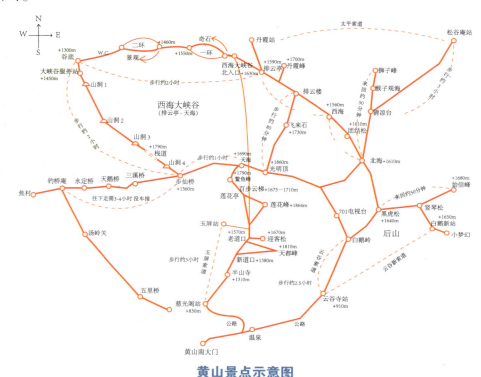

黄山景点示意图

门票信息：

旺季（3—11 月）230 元；淡季（12—2 月）150 元。

最佳季节： 四季皆宜。黄山风景绮丽，四季宜游，春（3—5 月）观百花竞开、松枝吐翠、山鸟飞歌；夏（6—8 月）观松、云雾及避暑休闲；秋（9—11 月）观青松、苍石、红枫、黄菊等自然景色；冬（12—2 月）观冰雪之花及雾松，如遇极寒天气，还能欣赏到冰瀑奇观。

知名特产： 徽墨酥、长生酥、黄山烧饼、黄山毛峰（茶叶）、黄山贡菊。

奇松
Strange Pines

　　奇松即形态奇特的松树。最著名的黄山松有迎客松、送客松、蒲团松（位于玉屏索道附近）、黑虎松（位于北海宾馆和始信峰之间）、探海松（位于卧云峰陡腰）、卧龙松（位于卧云峰）、团结松（位于始信峰途中）、龙爪松（位于始信峰）、竖琴松（位于卧云峰侧北坡）、陪客松（位于玉屏景区），这就是黄山的十大名松。过去还曾有人编了《名松谱》，收录了许多黄山松，可以叫出名字的松树成百上千，每棵都独具美丽、优雅的风格。

怪石
Exquisite Rocks

　　黄山千岩万壑，几乎每座山峰上都有许多奇妙的怪石，大约形成在100多万年前的第四纪冰川期。黄山石"怪"就怪在从不同角度看，就有不同的形状。奇松怪石往往相映成趣，位于北海的梦笔生花，以及喜鹊登梅、老僧采药、苏武牧羊、飞来石等。据说黄山有名可数的石头就达1200多块，大都是三分形象、七分想象，从人的心理移情于石，使一块冥顽不灵的石头凭空有了精灵跳脱的生命。欣赏时不妨充分调动自己的主观创造力，可获得更大的审美享受。

云海
Sea of the Clouds

云海，是指在一定的天气条件下形成的云层，并且云顶高度低于山顶高度。当人们在高山之巅俯视云层时，看到的是漫无边际的云，如置身于大海之滨。

黄山一年365天只有51天可以看到云海，每当云海涌来，整个黄山景区就被分成诸多云的海洋。被浓雾笼罩的山峰突然显露出来，层层叠叠、隐隐约约，山之秀之奇在这里完美地表达出来。飘动着的云雾如一层面纱在山峦中游曳，景色千变万化，稍纵即逝，每分每秒都不一样。

温泉
Spring

黄山温泉由紫云峰下喷涌而出，与桃花峰隔溪相望，是经由黄山大门进入景区的第一站。温泉每天的出水量400吨左右，常年不息，水质以含重碳酸为主，可饮可浴。水温常年在42℃左右，属高山温泉。黄山温泉对消化、神经、心血管、新陈代谢、运动等系统的某些病症，尤其是皮肤病，均有一定的功效，被誉为"灵泉"。

泰山
Tai Mountain

40

推荐星级： ★★★☆☆

人文历史： ★★★★☆

交通便捷： ★★★☆☆

自然景观： ★★★☆☆

特色美食： ★★★☆☆

泰山位于山东省中部，为中国五岳之一。泰山总面积426平方千米，主峰玉皇顶海拔1532.8米，山势雄伟壮丽，气势磅礴，名胜古迹众多，有"五岳独尊"之誉。

泰山成山于太古代，距今有24亿多年。泰山是中国山岳公园之一，又是天然的历史、艺术博物馆。它不仅是国家重点风景名胜区，而且已被联合国确定为世界文化和自然遗产之一。山上名胜古迹众多，有古建筑群20多处，历史文化遗迹2000多处，还有大量历史名人赞颂泰山的石刻、碑记。从泰山脚下直上岱顶，共10多千米，有石级可登，沿途根据游览区的分布和山势，修建了茶亭、餐厅、宾馆等休息场所。由于泰山的特殊地位，受到了历代帝王的尊崇，把它当作江山永固的象征。历代文人在泰山上留下了上千处题咏石，成为中国历代书法艺术的珍贵遗产。同时，泰山又是佛、道两教重地，因而庙宇、名胜遍山。泰山不仅历史悠久、文化灿烂，而且地质历史也十分古老，科学研究表明，泰山具有极高的历史文化价值、风格独特的美学价值和世界意义的地质科学价值。这三者融成了世界罕见的泰山风景名胜区。

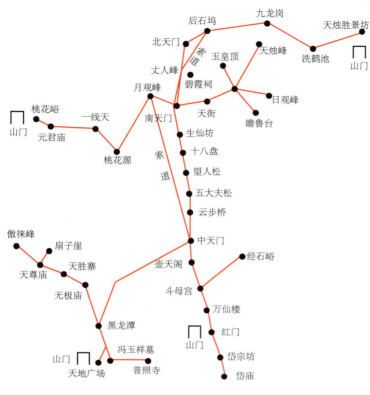

泰山景点示意图

交通指南：

火车：上海虹桥火车站乘坐高铁，约4小时到达山东泰山站，再乘坐公交车或者出租车可以到达经典登山口红门。

门票信息：

旺季（2—11月）127元，淡季（12—1月）110元。

最佳季节： 9—11月最佳。秋季天高气爽，是观日的最佳时节，赶上好天气还可以看见黄河；春天的泰山满眼青翠、山花烂漫，但时常多雨，山顶气温较低；夏季雨天较多，此刻山上常会遇到云海奇观，若遇上日出云海就更幸运了；冬季如果去泰山也是别有一番风味，特别是下雪后的泰山更美，但是冬天的泰山又特别冷，一定要注意保暖和安全。

知名特产： 泰山板栗、宁阳大枣、沉香狮子、温凉玉、泰山红玉杏。

旭日东升
Sunrise

旭日东升是泰山最壮观的奇景之一。当黎明时分，游人站在泰山之巅举目远眺东方，一线晨曦由灰暗变成淡黄，又由淡黄变成橘红。而天空的云朵，红紫交辉，瞬息万变，漫天彩霞与地平线上的茫茫云海融为一体，犹如巨幅油画从天而降。浮光耀金的海面上，日轮掀开了云幕，撩开了霞帐，披着五彩霓裳，像一只飘荡的宫灯，冉冉升起在天际。须臾间，金光四射，群峰尽染，好一派壮观而神奇的海上日出。

云海玉盘
Sea of the Clouds

泰山云雾可谓呼风唤雨，变换无穷：时而山风呼啸，云雾弥漫，如坠混沌世界；俄顷黑云压城，地底兴雷，让人魂魄震动。游人遇此，无须失望，因为你将要见到云海玉盘的奇景：有时白云滚滚，如浪似雪；有时乌云翻腾，形同翻江倒海；有时白云一片，宛如千里棉絮；有时云朵填谷壑，又像连绵无垠的汪洋大海，而那座座峰峦恰似海中仙岛。站在岱顶，俯瞰下界，可见片片白云与滚滚乌云融为一体，汇成滔滔奔流的"大海"，既妙趣横生，又令人心潮起伏。

晚霞夕照
Sunset Glow

当夕阳西下的时候，若漫步泰山极顶，又适逢阴雨刚过，天高气爽，仰望西天，朵朵残云如峰似峦，一道道金光穿云破雾，直泻人间。在夕阳的映照下，云峰之上均镶嵌着一层金灿烂的亮边，时而闪烁着奇珍异宝殿的光辉。那五颜六色的云朵，巧夺天工，奇异莫测。如果云海在此时出现，满天的霞光则全部映照在"大海"中，那壮丽的景色、大自然生动的情趣，就更加令人陶醉了。

黄河金带
Yellow River

当天空晴朗无云、夕阳西下时，举目远眺，在泰山的西北边，可以看到黄河像一条金色的带子闪闪发光；或是河水反射到天空，形成蜃景，称为"黄河金带"。诗云"一条黄水似衣带，穿破世间通银河"。

晚霞夕照与黄河金带的奇景与季节和气候有着很大的关系。秋季是观此奇景的最佳季节，因为这时风和日丽，天高云淡；其次是大雨之后，残云萦绕，天晴气朗，尘埃绝少，山清水秀。你尽可放目四野，饱览"江山如此多娇"的秀容美貌。

厦门
Xiamen

41

推荐星级：★★★☆☆

人文历史：★★★☆☆

交通便捷：★★★☆☆

自然景观：★★★☆☆

特色美食：★★★★☆

厦门位于中国东南沿海、台湾海峡西岸，与台湾隔海相望，全市总面积1573.16平方千米。这里气候宜人，风景秀丽，环境整洁，是中国最适宜居住的城市之一。

厦门又称"鹭岛"，是白鹭栖息之地，凭借"城在海上，海在城中"的天然禀赋而被誉为"海上花园""中国最温馨的城市"美称。这里集山、海、岛、城于一体，高品位旅游资源类型之多、密度之大让人流连忘返。这里有见证社会变迁，同时被誉为"音乐之岛""万国建筑博览"的5A级风景区——鼓浪屿，有全国种类最多的亚热带植物的园林植物园，有因山多且奇石如柱而闻名的国家森林公园——天竺山；这里更有因最美马拉松赛道而闻名寰宇的滨海大道——环岛路，以及世界上最大、园林流派最齐全的园博苑。

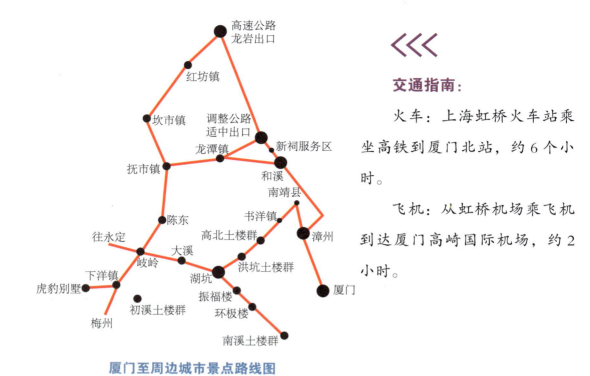

高速公路
龙岩出口

红坊镇

坎市镇　调整公路
　　　　适中出口
龙潭镇　　　　新祠服务区
抚市镇　　　　和溪
　　　　　　　南靖县
陈东　　书洋镇
往永定　高北土楼群　　漳州
　　　大溪
岐岭　　　　洪坑土楼群
下洋镇　湖坑　　　　　厦门
虎豹别墅　　　振福楼
初溪土楼群　　环极楼
梅州
　　　　南溪土楼群

厦门至周边城市景点路线图

‹‹‹

交通指南：

火车：上海虹桥火车站乘坐高铁到厦门北站，约6个小时。

飞机：从虹桥机场乘飞机到达厦门高崎国际机场，约2小时。

建议游玩：2~3 天。

最佳季节：3—5 月和 9—10 月，因为此时天气清爽、温度宜人，而厦门很多品种的花也主要在这两个季节开放。7—9 月多台风，建议避开。

知名特产：姜母鸭、南普陀素菜、虾面、沙茶面、菩提丸、厦门珠绣、漆线雕。

鼓浪屿
Gulangyu Island

碧海环抱中的鼓浪屿，面积1.87平方千米，主要景点有日光岩、菽庄花园、皓月园，均为厦门名景。鼓浪屿岛上90多科4000余种植物常年都郁郁葱葱，除了种有国内仅有的大果红心木、国内最粗的印度紫檀珍稀植物外，还有从新西兰等国引种的各类珍稀果树，足以大饱眼福！

游走在鼓浪屿的小街上，会发现有很多古老的建筑，狭长的小道，各式各样的特色小店；还有悦耳的钢琴声，悠扬的小提琴声，轻快的吉他声，优美动人的歌声，以及海涛声的节拍，谱写出曼妙动人的曲目。

南普陀
South Putuo Temple

南普陀寺素有"千年古刹"之称，位于五老峰山下，是闽南乃至全国闻名的寺院，紧临厦门大学。南普陀寺起源于唐代，汇集了闽南渊源流长的历史文化，天王殿、大雄宝殿、大悲殿、藏经阁、左右厢房、钟鼓楼等构成的建筑群，雄伟、壮观，颇具佛教特色，更具"佛法无边"之威严。

寺后的五老峰山麓，有该寺历代高僧墓塔，以及碧泉、般若池、净业洞、兜率陀院、须摩提国、阿兰若处和太虚亭等景点。寺内一侧的闽南佛学院创办于1925年，在海内外久负盛名，是宏扬佛法、培养佛家弟子的摇篮。目前，有很多学生在此就学。

厦门园林植物园
Xiamen Botanical Garden

园林植物园又称"万石植物园"，是一座围绕万石岩水库精心设计的植物园林。根据科研和游览需要，园内依次安排了松杉园、玫瑰园、棕榈园、荫棚、引种植物区、药用植物园、大型仙人掌园、百花厅、兰花圃等20多个专类园和种植区，栽培了3000多种热带、亚热带植物。其中，有被人称为"活化石"的水杉、银杏，有世界三大观赏树——中国金钱松、日本金松、南洋杉，以及名贵的仙人掌等奇花异木，是一座秀丽多姿、四季飘香的游览园林。

石雕博物馆——鳌园
Ao Park

鳌园，汇集闽南石刻之精华，有"石雕博物馆"的美誉。鳌园春晖，是厦门二十景之一。鳌园原为一座小岛，因形似海龟而得名，现由门廊、集美解放纪念碑和陈嘉庚墓三部分组成。进入园内，是一条长达50米的长廊，上面有各式石雕和名家书法题刻，堪称福建石雕艺术的瑰宝。园中央则矗立着鳌园的主体建筑——集美解放纪念碑，背面有陈嘉庚先生亲手撰写的碑文，前方则是先生的陵墓。

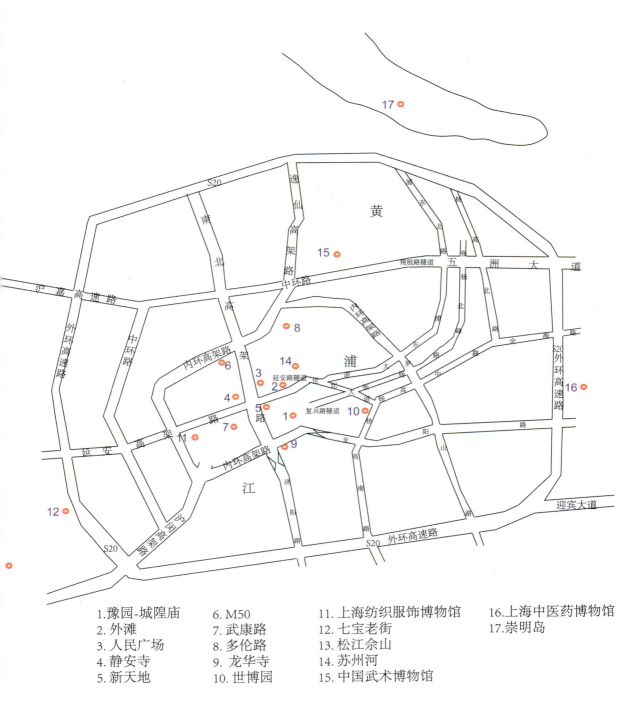

1.豫园-城隍庙   6. M50   11.上海纺织服饰博物馆   16.上海中医药博物馆
2.外滩   7.武康路   12.七宝老街   17.崇明岛
3.人民广场   8.多伦路   13.松江佘山
4.静安寺   9.龙华寺   14.苏州河
5.新天地   10.世博园   15.中国武术博物馆

上海市景点示意图

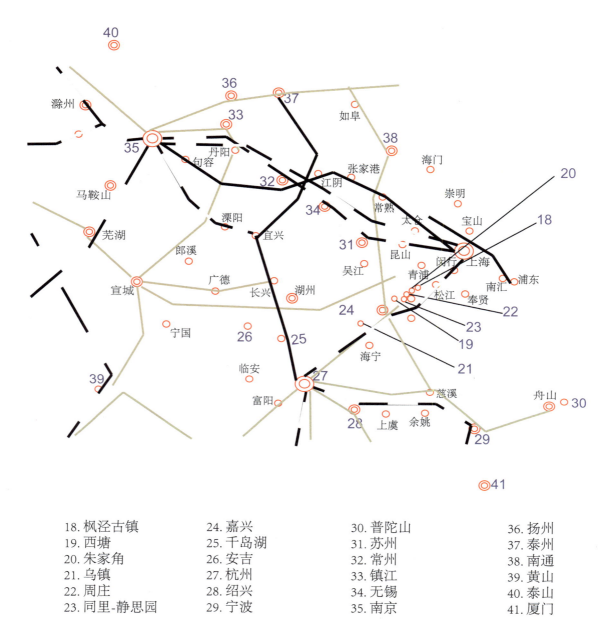

40

滁州

马鞍山

芜湖

36

33

35

丹阳

句容

溧阳

郎溪

广德

宣城

宁国

39

37

如皋

32

江阴

34

宜兴

长兴

26

临安

富阳

张家港

常熟

太仓

31

吴江

湖州

24

海宁

27

28 上虞 余姚

29

38

海门

崇明

宝山

昆山

青浦 闵行 上海

松江 奉贤

慈溪

25

海门

宝山

20

18

南汇 浦东

22

23

19

21

舟山 30

41

18. 枫泾古镇　　24. 嘉兴　　　　30. 普陀山　　　36. 扬州
19. 西塘　　　　25. 千岛湖　　　31. 苏州　　　　37. 泰州
20. 朱家角　　　26. 安吉　　　　32. 常州　　　　38. 南通
21. 乌镇　　　　27. 杭州　　　　33. 镇江　　　　39. 黄山
22. 周庄　　　　28. 绍兴　　　　34. 无锡　　　　40. 泰山
23. 同里-静思园　29. 宁波　　　　35. 南京　　　　41. 厦门

上海周边景点示意图

任务卡 1: 看照片回答问题

以下任务在豫园完成	
1. 进园后，找一下写着这两个字的石头。★  2. 上面写着哪两个字？是从左到右还是从右到左读？★★ 3. 这两个字是谁写的？它表示什么意思？★★★	1. 请找到这个门。★  2. 它像什么？★ 3. 为什么把门设计成这个样子？★★ 4. 请在豫园找到类似以谐音的方式祈求祝福的元素。★★★
1. 找到这个画面，这里有几个动物？它们是什么？★  2. 在这个园子里你可以找到几个这样的动物？★★ 3. 有只动物的脚爪只有三个脚趾，这里有什么特别的意思吗？★★★	1. 这块石头叫什么名字？★  2. 这块石头有什么特点？★★ 3. 中国古典园林将石头作为重要的装饰景物，一块好石头需要有哪些特点？★★★ 4. 你听说过花石纲吗？你觉得这对社会造成了什么影响？★★★
以下任务在城隍庙完成	
1. 找到这个地方并拍照。★  2. 这里有三位神，他们分别是谁？★★ 3. 中间这位神是不是上海的城隍爷？★★★ 4. 这里是佛教场所还是道教场所？人们来这里做什么？★★★	1. 你属什么？请找到你的神。★ 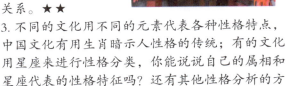 2. 这些神代表什么？说说他们和生肖的关系。★★ 3. 不同的文化用不同的元素代表各种性格特点，中国文化有用生肖暗示人性格的传统；有的文化用星座来进行性格分类，你能说说自己的属相和星座代表的性格特征吗？还有其他性格分析的方法吗？★★★
1. 请找到这幅画。 2. 你知道他们分别代表什么吗？★★ 3. 在你们国家有类似的象征人物吗？他们分别象征什么？★★★	1. 这位红脸神是谁？★  2. 这里供的神与上海有什么关系？他做过什么事情？★★ 3. 请找到"祸福分明此地难通线索，善恶立判须知天道无私"这副对联，并说说是什么意思？★★★

注：为照顾留学生理解中国文字，本任务卡中的量词使用最简单的一种，如"个"，量词后面括号内的字为正确的用法，下同。

任务卡 2: 分层级进行采访，并记录回答内容

★

问题	回答
1. 您是上海人吗？	
2. 您是第一次来这里吗？	
3. 您喜欢这里吗？	
4. 您吃过上海的小笼包吗？您觉得味道怎么样？	
5. 您觉得您还会来这里玩吗？为什么？	

★★

问题	回答
1. 您为什么来这里参观？	
2. 这里的建筑有什么特点？	
3. 您觉得这里什么东西比较有特色？	
4. 您去过豫园（或城隍庙）吗？您对这些景点的印象如何？	
5. 您最喜欢这里的哪种小吃？能不能介绍一下它的做法？	

★★★

问题	回答
1. 豫园前面的桥叫什么名字？请解释这个名字的含义。	
2. 中国人去城隍庙做什么？他们的目的是什么？	
3. 这个地区在吃、玩、购方面有什么著名的店（或景点）？	
4. 这里是集娱乐、购物、休闲、旅游于一体的商业中心，上海还有其他类似的地方吗？您更推荐哪一个？	
5. 您觉得这里的管理是否能满足游客的需要？有哪些成功的地方和哪些需要改进的地方？	

任务卡 1: 看照片回答问题

1. 请找到这个（座）房子，它是什么大楼？★
2. 这个（座）大楼的风格是中式的还是西式的？★★
3. 门前有两个动物雕塑，说说它们像什么？★★
4. 上网查一下这座建筑的历史，它在设计的时候曾经想超过旁边大楼的高度，后来发生了什么事情？★★★

1. 请找到这个（座）楼，它叫什么？★
2. 这个（座）建筑很长一段时间都是饭店，以前和现在的名字有没有变化？★★
3. 现在这家饭店里面有个历史收藏馆，里面保存了以前的实物和照片等。请参观这个馆，并介绍一件你觉得最有意思的藏品。★★★

1. 这个（座）房子现在是做什么的？★
2. 它大门上面的石头上有雕刻的图画，上面写着什么？★★
3. 这个（座）建筑最早是用来做什么的？★★
4. 请观察这个（座）建筑的上方，找到 4 个托举的人形雕塑，猜猜它有什么意义？★★★

1. 这个人是谁？★
2. 这里为什么会有这个人的雕像？★★
3. 很多城市中心都会有名人的雕像，一般会放哪些人物的雕像？摆放名人的雕像有什么意义？★★★

1. 找到这个东西，它是什么？★
2. 这个动物有名字吗？它让你想起了什么？★★
3. 不同的动物有不同的象征意义，你觉得把它放在这里有什么象征意义？★★★

1. 请找到靠近外白渡桥的这个（座）建筑？★
2. 这个（座）建筑的名字是什么？它为了纪念什么？★★
3. 它所在的公园内有一个外滩历史纪念馆，请进馆参观，然后介绍一下外滩的历史。★★★

1. 这个（座）建筑是什么？★
2. 它叫什么名字？它的作用是什么？★★
3. 这个（座）建筑上面有几个球？每个球有什么作用？你觉得它看起来像什么？★★★

1. 找到这三个（座）最高的房子。★
2. 这三个（座）建筑分别叫什么名字？它们现在的用处是什么？★★
3. 这三个（座）建筑的外形各有什么特点？你对超高摩天大楼的建设有什么想法？★★★

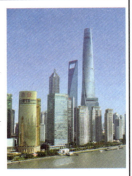

任务卡 2: 分层级进行采访，并记录回答内容

★

问题	回答
1. 您是第一次来外滩吗？	
2. 您觉得外滩的风景怎么样？	
3. 您最喜欢这里的哪个（座）建筑？	
4. 外滩边上的江叫什么名字？	
5. 您会怎么介绍外滩？	

★★

问题	回答
1. 外滩有这么多建筑，您对哪一座建筑的印象最深？	
2. 外滩地区浦东和浦西的建筑有什么不同？	
3. 请您介绍外滩其中一座建筑的历史。	
4. 江上有哪些不同种类的船？它们各有什么功能？	
5. 中国（或外国）有没有类似的景点？	

★★★

问题	回答
1. 外滩为什么会有这么多外国风格的建筑？	
2. 如果让您在外滩这么多建筑中选一个最有代表性的，您会选哪一个？	
3. 有人建议应该在外滩的江面上造一座桥，将浦东和浦西连接起来？您是赞成还是反对这个建议？为什么？	
4. 您对外滩的印象如何？如果您是市长会如何改进这里的规划？	
5. 在节假日时，外滩会成为人流的聚集地，2014 年 12 月 31 日晚，外滩曾发生过踩踏事件。为避免此类事件再次发生，您觉得政府应该采取哪些措施？	

任务卡 1: 看照片回答问题

1. 这个（座）房子叫什么？★
2. 这个（座）建筑的外形像什么？★★
3. 这个（座）建筑的功能是什么？您认为它如何能最大程度地发挥价值？★★★

1. 这个（座）房子是做什么的？★
2. 目前什么单位在这里办公？★★
3. 你对这个（座）建筑的设计有什么看法？★★★

1. 这个（座）白色的房子是什么？★
2. 它的外形和上面一座房子有什么不一样和一样的地方？★★
3. 请参观它地下一楼的老上海风情街，您觉得老上海风情与现在的有什么不同？★★★

1. 找到在人民广场上的这种鸟，它们叫什么？★
2. 游人与这些鸟有什么互动？★★
3. 鸟类会产生粪便，导致环境变脏，因此有人建议不应在此饲养鸟，如果您反对这个建议您会提出什么理由？★★★

1. 找到这个地方。它在哪儿？★
2. 这个雕塑代表什么？★
3. 您觉得它是什么？它的设计有什么利弊？★★★

1. 这个（座）房子叫什么？★
2. 请找到它前面的动物雕塑，一共有几个？★★
3. 这个（座）建筑里有什么东西？您对这里面的哪些东西感兴趣？为什么？★★★

1. 请在人民广场北面的南京西路上找一下这个（座）房子，它的中文名字是什么？★
2. 这座建筑是什么时候造的？是用来做什么的？★★
3. 历史上，这个（座）建筑的功能是什么？★★★

1. 请在人民广场北面的南京西路上找一下这个（座）房子。它叫什么？★
2. 它的外观有什么特点？★★
3. 请进去找一下上海原点的标志，并解释什么是上海原点。介绍一下这个饭店的历史。★★★

任务卡 2: 分层级进行采访，并记录回答内容

★

问题	回答
1. 您是上海人吗？这是第几次来这里？	
2. 您知道人民广场周围的房子叫什么吗？	
3. 您最喜欢哪座房子？	
4. 您去这些房子里面看过吗？您觉得怎么样？	
5. 您觉得人民广场怎么样？	

★ ★

问题	回答
1. 您知道人民广场周边几个标志性建筑的名字吗？	
2. 您觉得人民广场给人一种什么样的感觉？	
3. 请您介绍一下人民广场的其中一个景点。	
4. 您觉得人民广场的绿化设计得怎么样？	
5. 你认为人民广场与外滩的景色有什么不同？	

★ ★ ★

问题	回答
1. 如果让您在人民广场的建筑中选一个最有代表性的，您会选哪一个？为什么？	
2. 您知道人民广场的发展历史吗？以前是怎么样的？	
3. 有人建议人民大道的道路应该建在地下，这样可以方便游人参观，您是赞成还是反对这个建议？为什么？	
4. 请您总结一下人民广场的特点。	
5. 人民广场周围有各种建筑，有的是现代的，有的是近代的，建筑风格也各不相同，有人认为政府在做城市规划时应整体考虑某一区域建筑风格，您觉得这个看法如何？	

任务卡 1: 参观静安寺及其周边，看照片回答问题（1-4 题在静安寺）

1. 找到这个图。★
2. 数一数上面有几只动物？说一说寺庙里还有什么动物雕塑或图案？★★
3. 寺庙里的不同动物都代表了什么意思？★★★

1. 找一找这个东西，拍一张照片。★
2. 它上面写着什么字？它是用来做什么的？★★
3. 为什么有很多人往上面扔钱？★★★

1. 这个（座）房子叫什么名字？★
2. 在寺庙中，这个殿一般在最前面、中间还是寺庙的最里面？★★
3. 静安寺是什么宗教的寺庙？这个宗教起源于哪里？说说"静安"的意思。★★★

1. 上面的字怎么读？★
2. 这几个字是什么意思？★★
3. 在中国有很多有祝福寓意的成语，你知道几个？请说一说。★★★

1. 找到这个建筑并拍照。★
2. 这个建筑是哪年造的？★★
3. 这里是用来做什么的？问问行人，看看他们知道不知道？★★★

1. 墙上的字怎么读？★
2. 你知道这里有哪"八景"吗？★★
3. 你觉得这个公园的设计有什么特点？上网了解一下它的历史。★★★

1. 这个雕塑人物是谁？★
2. 他说过什么名言？★★
3. 他对中国有什么贡献？★★★
4. 在你们国家有没有这样的人物？请介绍一下。★★★

1. 找一找这个雕塑。★
2. 这个雕塑上面的汉字怎么读？是什么意思？代表了什么意义？★★
3. 请介绍一下这个雕塑的来历。★★★

任务卡 2: 分层级进行采访，并记录回答内容

★

问题	回答
1. 这个寺庙是什么宗教的寺庙？	
2. 您觉得这个寺庙有意思吗？什么地方有意思？	
3. 寺庙门口都有什么动物的雕塑？	
4. 您去过别的寺庙吗？	
5. 静安寺的附近还有什么景点？	

★★

问题	回答
1. 静安寺建于哪一年？	
2. 静安寺的名字是怎么来的？	
3. 静安寺一共有几个大殿？	
4. 静安寺里有什么让你印象最深刻？为什么？	
5. 您会带朋友来参观吗？为什么？	

★★★

问题	回答
1. 您来静安寺是参观还是拜佛的？	
2. 您知道静安寺的传说吗？	
3. 静安寺有些什么宗教活动？	
4. 您对佛教了解吗？能简单谈谈吗？	
5. 有人说寺庙应该建在人少的地方以便僧人修行，而静安寺却在热闹的市区，请问您对这个问题怎么看？	

任务卡 1: 看照片回答问题

1. 找到这个（幢）房子，拍一张相同的照片★ 2. 这幢房子叫什么名字？建于哪年？★★ 3. 这幢房子是用来做什么的？里面有什么特别的东西？★★★ 	1. 找找这个门在哪儿？★ 2. 这个门的旁边都是什么店？★★ 3. 找找看还有什么特别的门吗？你知道它们有什么故事吗？★★★ 
1. 这处雕塑叫什么名字？★ 2. 问问中国人这个雕塑是什么意思？★★ 3. 你知道在中国有什么寓意美好的吉祥话吗？跟中国人学一句。★★★ 	1. 这是什么地方？★ 2. 这里召开过什么会议？是在什么时候召开的？★★ 3. 这个会为什么在这里召开？这个会议召开在中国历史上有什么意义？★★★ 
1. "屋里厢"是什么意思？★ 2. 这幢房子有几个房间？都叫什么名字？★★ 3. 哪间是"女儿房"？哪间是"儿子房"？你是怎么知道的？★★ 4. 学说一句关于"家"的上海话。★★★ 	1. 找到这幅画在哪儿？★ 2. 他们在做什么？★★ 3. 这幅画是哪个年代的？有什么意思？★★★ 4. 这幅画的旁边还有什么画？都代表了什么意思？★★★ 
1. 找到这个地方拍一张照片。★ 2. 这个（位）女明星是谁？她拍过什么电影？★★ 3. 这个东西叫什么？你在其他国家见过吗？这样的东西有什么意义？★★★ 	1. 在里面买一张你喜欢的明信片，寄给你的朋友。★ 2. "一家书店温暖一座城市"是什么意思？★★ 3. 你喜欢看纸质书还是电子书？对比一下它们的好处，并说出理由。★★★

任务卡 2: 分层级进行采访，并记录回答内容

★

问题	回答
1. 您是哪里人?	
2. 您是第一次到这里来吗?	
3. 您觉得新天地怎么样?	
4. 您能告诉我"新天地"三个字的意思吗?	
5. 您喜欢新天地的什么地方?	

★ ★

问题	回答
1. 新天地最有特色的建筑是什么?	
2. 这些建筑有什么特点?	
3. 您觉得这里的建筑有什么优点?	
4. 您会在这里的商场买东西吗? 如果会, 会买什么? 如果不会, 为什么?	
5. 您能告诉我这里有什么好吃的饭店吗?	

★ ★ ★

问题	回答
1. 您为什么来这里参观? 您觉得是什么景点吸引了您?	
2. 您知道上海还有什么地方有这样的建筑吗? 请介绍一处景点。	
3. 新天地有很多不同功能的商业板块, 比如餐饮、娱乐、商店等等。您觉得需要增加或减少什么? 为什么?	
4. 在您的家乡也有这样的地方吗? 请介绍一下。	
5. 您觉得老建筑需要保护吗? 为什么? 政府可以做些什么?	

任务卡 1: 看照片回答问题

1. 找到这块牌子。★
2. 想一想,牌子上的"m"说明什么意思?"50"说明什么意思?★
3. 问一问,"M50"这个名字已经叫了多少年了?★★

1. 找到这个地方,它是做什么的?★
2. 看一看,中间的桌子有什么特别的吗?★
3. 问一问,这个(张)桌子大概有多少年的历史了?★★
4. 问一问,为什么用这个东西做桌子?★★★

1. 找一找这个地方在哪儿?★
2. 拍一张跟图片上一样的照片。★
3. 问一问,这些房子以前是干什么的?★★

1. 找一找,这个地方在哪儿?★
2. 进去坐一坐,看看里边可以做什么?★
3. 问一问老板,这个店开了多少年了?平时顾客多吗?★
4. 看一看,这个店的名字叫么?问问老板,这个名字有什么意思?★★★

1. 找一找,这个地方在哪儿?★
2. 看一看,这个东西以前是做什么用的?★★
3. 问一问,这个东西的中文怎么说?★★
4. 这个东西在那儿大概有多少年的历史了?★★

1. 这块牌子上的字怎么读?★
2. 问一问,这两个字是什么意思?★
3. 看一看,这个地方是干什么的?里边真的有马吗?★★
4. 问一问,为什么这个地方要叫这个名字?★★

1. 找一找,这个地方在哪儿?★
2. 看一看,这个地方大概是做什么的?★★
3. 请老板给你介绍一下做法。★★★
4. 请亲手试一试并跟朋友介绍一下。★★★

1. 找一找,这个地方在哪儿?★
2. 看一看,这像一个什么动物?★★
3. 摸一摸,这个动物是用什么东西做的?★★
4. 想一想,艺术家创作的想法是什么?★★★

任务卡 2: 分层级进行采访，并记录回答内容

★

问题	回答
1. 您姓什么？	
2. 您是第一次来这儿吗？	
3. M50 是什么意思？	
4. M50 这个地方以前是做什么的？什么时候开始成为创意园区的？	
5. 您喜欢这个地方吗？为什么？	
6. 您有没有买这儿的画／艺术品？为什么？	

★★

问题	回答
1. 您喜欢画画吗？	
2. 您喜欢哪个（家）画廊？喜欢哪位画家的画？	
3. "半度音乐"是个什么样的店？	
4. 如果逛累了，可以去哪家咖啡馆坐坐？	
5. 这里外国画家多吗？为什么他们喜欢来这里作画？	
6. 您觉得这里最有意思的展览是什么？	

★★★

问题	回答
找一家画廊，找一个（位）画家，跟他／她聊一聊：	
1. 您是几岁开始学画画的？学了多长时间？	
2. 您以前在哪儿画画？为什么您要以画画作为您的职业？	
3. 您为什么来这个地方开画廊？	
4. 来这里看画的人多吗？	
5. 您的画有人买过吗？什么样的人喜欢您的画？	
6. 您觉得在这儿开画廊还有什么不满意的地方？	

任务卡 1: 看照片回答问题

<table>
<tr>
<td>

1. 这座楼叫什么名字? ★
2. 这座大楼的外形有什么特点? 你觉得这座大楼像什么? ★★
3. 这座大楼以前叫什么名字? 为什么叫这个名字? ★★★

</td>
<td>

1. 找一找这座房子, 它叫什么名字? ★
2. 这个(座)房子属于什么风格? ★★
3. 这个(座)房子为什么有名? ★★
4. 谁在这里居住过? 问一问中国人他有什么有名的作品。★★★

</td>
</tr>
<tr>
<td>

1. 这是谁的房子? ★
2. 这个人最有名的作品是什么? ★★
3. 他在这里写过什么书? ★★
4. 简单介绍一个你喜欢的中国作家。★★★

</td>
<td>

1. 她是谁? ★
2. 这个雕像在哪儿? 在这里拍一张照片。★
3. 她为什么很有名? ★★
4. 她是做什么的? 讲讲她的故事。★★★
5. 在你的国家有没有和她一样的人? ★★★

</td>
</tr>
<tr>
<td>

1. 这个雕像在哪儿? 在这里拍一张照片。★
2. 这个地方叫什么? 这里有什么? ★★
3. 你觉得这个雕像有什么特别的? 描述一下这个雕像。★★★

</td>
<td>

1. 找到这座房子, 拍一张照片。★
2. 问一问这个阳台叫什么? 为什么叫这个名字? ★★
3. 问一问或者查一查, 这个阳台的名字是怎么来的? ★★★

</td>
</tr>
<tr>
<td>

1. 这座房子为什么很有名? ★
2. 这座房子的门框有什么特点? ★★
3. 这里现在是做什么用的? ★★
4. 在网上查一查这个地方曾经发生过什么? ★★★

</td>
<td>

1. 在老房子艺术中心找到这个(座)房子, 拍一张照片。★
2. 这个(座)房子叫什么名字? 在哪儿? ★★

3. 在这里给你的家人或者朋友寄一张明信片, 说说今天的活动。★★
4. 在这里参观老房子的照片, 介绍一座你喜欢的房子。★★★

</td>
</tr>
</table>

任务卡 2: 分层级进行采访，并记录回答内容

★

问题	回答
1. 您是哪里人？	
2. 您是第一次来武康路吗？	
3. 您最喜欢这里的哪座房子？	
4. 您觉得武康路为什么很特别？	
5. 您会怎么给别人介绍武康路？	

★★

问题	回答
1. 武康路是从什么时候开始形成的？	
2. 武康路以前叫什么路？	
3. 您知道巴金最有名的作品是什么？	
4. 这里的商店有什么特点？	
5. 请介绍这里您最喜欢的一个（座）建筑。	

★★★

问题	回答
1. 武康路的房子有哪些风格？	
2. 这里为什么会有这么多欧式建筑？	
3. 您觉得哪座房子最能代表武康路？为什么？	
4. 您觉得这里有什么优点和缺点？	
5. 这里的欧式建筑和外滩的建筑有什么不一样？	

任务卡1: 看照片回答问题

1. 找一找，她在哪儿？ ★

2. 问一问，她叫什么名字？她去世的时候多大年纪？ ★

3. 问一问，她以前是做什么的？ ★

4. 问一问，她最有名的书叫什么名字？是写什么内容的？ ★★★

1. 找一找，这座楼在哪儿？ ★

2. 这座楼的楼顶有什么东西？ ★★

3. 这座楼的底层有一个外国人的雕像，看一看，他是谁？他来中国做什么？ ★★★

1. 找一找，这个人在哪儿？跟这个人拍张照。 ★

2. 这个人为什么在楼的前边？问一问，他叫什么名字？他是哪国人？ ★★

3. 去这个（座）楼里边看一看，这个地方是做什么的？找个座位坐一坐，有什么感受？ ★★

1. 问一问，这面墙叫什么？ ★

2. 数一数，墙上一共有多少个人？他们分别叫什么名字？ ★★

3. 问一问，墙上的人与多伦路文化街有什么关系？ ★★★

1. 问一问，牌子上的字怎么读？ ★

2. 看一看，店里卖什么东西？ ★

3. 问一问老板，这座房子是什么风格的建筑？大概有多少年的历史？以前这里住的是什么人？ ★★★

1. 找一找，这个地方在哪儿？ ★

2. 问一问，为什么这个地方有那么多书？ ★

3. 去这个地方找一本你喜欢的书，坐一坐，看一看。 ★

4. 问一问老板，这里有什么类型的书？有没有学习汉语的书？ ★★

1. 找一找，这条路在哪儿？ ★

2. 这条路上有很多脚印，踩着脚印去走一走。 ★

3. 数一数，一共有多少个人的脚印？他们分别叫什么名字？ ★★

4. 问一问，第一个脚印是谁的？这个人写过哪些有名的书？ ★★★

1. 找到这个（家）商店，看一看商店里边卖什么？ ★

2. 问一问老板，商店里最老的东西是什么？有多少年的历史了？ ★★

3. 选一件你最感兴趣的古董，了解它的作用和价值。 ★★★

任务卡 2: 分层级进行采访，并记录回答内容

★

问题	回答
1. 您是来玩的还是住在这里的？	
2.（如果是游客）您第几次来这里了？	
3.（如果是游客）您喜欢这里吗？最喜欢哪个地方？	
4.（如果是居民）您在这里住了多少年了？	
5.（如果是居民）您喜欢住在这里吗？为什么？	

★★

问题（去"老电影"问一问）	回答
1. 这个地方为什么叫"老电影"？	
2. 墙上的电影明星叫什么名字？是什么时候的电影明星？	
3. 这个地方每天几点放电影？	
4. 这里一般放什么时期的电影？	
5. 这里放不放外国电影？电影的名字叫什么？	
6. 问一问游客，今天想看什么电影？电影的内容是什么？	

★★★

问题	回答
1. 多伦路以前叫什么路？为什么叫这个名字？	
2. 从哪一年开始多伦路成为文化街的？	
3. 为什么多伦路叫文化街？在这个地方以前大概住过多少有名的文化人？	
4. 这些文化人是做什么的？叫什么名字？	
5. 这些文化人中最有名的是哪位？他写过哪些有名的作品？	
6. 多伦路有哪些有名的建筑？以前是哪些名人住的？	

任务卡 1: 看照片回答问题

1. 这座建筑叫什么名字? ★ 2. 一共有几层? ★ 3. 您知道关于这座塔的传说吗? 这座塔又叫什么? ★★ 4. "秋江塔影"为龙华八景之一, 您知道是什么意思吗? ★★★ 	1. 找到这张图片所在的地方并拍照。★ 2. 这张图上有两个什么字? ★★ 3. 这两个字中间有什么? ★★ 4. 您知道那个东西的来源吗? 是什么? ★★★ 
1. 找一找它们在哪儿? ★ 2. 这两只狮子的名字是什么? ★★ 3. 说出这两只狮子的两点不同之处。★★★ 	1. 请找到这张图所在的地方。★ 2. 中间两个字怎么读? 是什么意思? ★★ 3. 这两个字的旁边是什么东西? 它们代表什么意思? ★★★ 
1. 您知道这座建筑是什么楼吗? 在寺内什么地方? ★ 2. 这座楼内有一个什么样的钟? ★★ 3. 这座楼对面的楼内有一个多大的鼓? ★ 	1. 这是什么东西? ★ 2. 这个东西上边有什么花? ★ 3. 这个东西代表什么意思? ★★★
1. 找到这个东西。★ 2. 这是什么? 它有什么用? ★★ 3. 说一说它代表什么。★★★ 	1. 找到这个地方。★ 2. 这个地方现在是做什么用的? ★★ 3. 这个地方名字的来历是什么? ★★★ 4. 问一下, 门口的两只神兽叫什么名字? ★★★ 

任务卡 2: 分层级进行采访，并记录回答内容

★

问题	回答
1. 您是本地人吗？	
2. 您为什么来这儿？	
3. 您第几次来这儿？	
4. 您觉得这儿怎么样？	
5. 您吃过这儿的素面吗？味道怎么样？（想不想尝尝？）	

★ ★

问题	回答
1. 龙华寺有多少年的历史？	
2. 龙华寺又叫什么？	
3. 龙华寺共有几进殿堂？	
4. 龙华寺"三宝"是什么？	
5. 为什么龙华寺又被称为"江南古刹"？	
6. 请说一说龙华塔建筑的特点。	
7. 请列举 3 种龙华寺的特色素食名称。	

★ ★ ★

问题	回答
1. 龙华寺名字的来源是什么？	
2. 龙华寺与其他寺的不同之处是什么？	
3. 龙华寺始建于什么朝代？寺内有什么东西可以证明龙华寺始建于这个朝代？	
4. 明清时期"沪城八景"之一"龙华晚钟"是指什么？	
5. 请解释一下什么是"三月三，上龙华，看桃花"？	

任务卡 1: 看照片回答问题

以下任务在中华艺术宫展厅 1 完成

1. 这幅图叫什么名字？★
2. 这幅图的作者是谁？他是哪个朝代的？★
3. 这幅图描述的是现在哪个地方？当时它叫什么名字？它还有什么名字？★★
4. 这幅图有几个场景？反映了当时怎样的社会生活和经济状况？★★★

1. 找到这个场景，拍一张同样的照片。★
2. 这条河叫什么名字？这座桥呢？★★
3. 听懂人们在码头上说的一句中文，请写下来。★★
4. 请描述白天这个地方是什么样的情景。★★★

以下任务在中华艺术宫展厅 2-6 完成

1. 找到这幅画，它在哪个展厅？★
2. 画的作者是谁？画中的人叫什么名字？★
3. 他在做什么？★★
4. 讲一讲画中人的故事。★★★

1. 找到这个地方，依次读出画家的名字。★
2. 找出"海派四杰"。★
3. 选出你最喜欢的一位画家，说说为什么。★★
4. 请找出其中的一位漫画家并作介绍。★★★

1. 画中的花叫什么名字？★
2. 它被称作什么？
3. 哪个城市有"牡丹文化节"？什么时候？★★
4. 你还在别的地方见过这种花吗？它有什么寓意？★★
5. 为什么它出现在很多绘画作品中？★★★

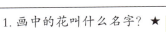

1. 请说出这幅画的名字。★
2. "主席"是谁？★
3. 画中人物在做什么？★★
4. 画中的乐器叫什么名字？★★
5. 画中有哪些元素表现了庆贺之"喜"？★★★

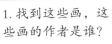

1. 找到这幅画，她是南方女子还是北方女子？★
2. 她生活在什么年代？她的生活状况怎么样？★★
3. 仔细观察并描述她的衣着打扮。★★
4. 当时的审美观与现在有何不同？★★★

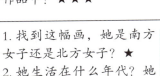

1. 找到这些画，这些画的作者是谁？★
2. 这些是什么画？★
3. 找到《疲劳过度症》这幅画，画中的人物是谁？★★
4. 他们为什么"疲劳过度"？★★★

任务卡 2: 分层级进行采访, 并记录回答内容

★

问题	回答
1. 您是哪里人?	
2. 您觉得世博园怎么样?	
3. 您最喜欢哪个建筑?	
4. 您觉得这里的交通方便吗?	
5. 您会介绍朋友来这儿玩吗?	

★★

问题	回答
1. 您为什么来这儿参观?	
2. 您觉得中华艺术宫的建筑有什么特色?	
3. 您觉得清明上河图怎么样?	
4. 您觉得沙特馆有什么特别之处?	
5. 您知道世博会吗? 2010 年您来过世博会吗? 当时这儿的情景是怎么样的?	

★★★

问题	回答
1. 您觉得中华艺术宫展厅的布局如何? 您对陈列的展品有何建议?	
2.《清明上河图》现在藏于哪里? 它为什么是十大传世名画之一?	
3. 您觉得"一轴四馆"的后续利用价值如何? 您对这儿的开发利用有何建议?	
4. 您觉得上海世博会对上海的发展有何影响? 举办世博会有何价值?	
5. 您最喜欢世博园的哪个(座)建筑? 为什么?	

任务卡 1: 参观二楼古代馆，看照片回答问题

1. 找到这张图，它是什么？★ 2. 这个东西叫什么名字？★★ 3. 除了用这种材料以外，中国人还用什么材料做类似的东西？★★★ 4. 这个东西上面的文字有什么意义？★★★ 	1. 这幅画上画了什么？★ 2. 9个圆头伞状的东西指什么？★★ 3. 这个东西反映了古人的什么观念？★★★ 4. 在你的国家，有与这件作品相似的想法或信仰吗？★★★
1. 这件衣服叫什么？★ 2. 它是什么朝代的衣服？★★ 3. 这件衣服有什么特点？★★ 4. 这件衣服是在哪儿出土的？你觉得古代人为什么有这么高超的制衣技术？★★★ 	1. 找到这个东西，它叫什么名字？★ 2. 这个东西上面是什么图案？★★ 3. 请说说上面的图案代表的意思。★★ 4. 这件作品上面的汉字是什么？它可能代表了什么？★★★ 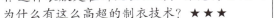
1. 这些女人在做什么？★ 2. 她们的衣服有什么特点？★★ 3. 介绍一下她们的工作流程。★★★ 	1. 找一找这件作品上的汉字。★ 2. 这上面的汉字是什么意思？★★ 3. 请上网查一下这幅作品名字的来历。★★★ 
1. 这件作品上面有什么？★ 2. 这件作品叫什么名字？★★ 3. 如果一位妇人用这一技术做一件衣服需要花多长时间？★★★ 	1. 这块布上有什么？★ 2. 这块布的名字叫什么？★★ 3. 这块布的作用是什么？★★★ 

任务卡 2: 参观近代馆，看照片回答问题

<table>
<tr>
<td>

1. 这是什么？★
2. 它叫什么名字？★★
3. 它为什么是这样的形状？★★★

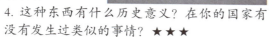

4. 这种东西有什么历史意义？在你的国家有没有发生过类似的事情？★★★

</td>
<td>

1. 请找到这件衣服，上面画着什么？★
2. 这件衣服是男装还是女装？它叫什么名字？★★
3. 这是什么朝代的衣服？★★

4. 这件衣服和我们现在穿的衣服有什么不同？为什么会有不同？★★★

</td>
</tr>
<tr>
<td>

1. 这件衣服叫什么？★
2. 它是什么时候的衣服？★★
3. 这种衣服有什么特点？★★

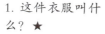

4. 这种衣服是清朝旗人穿的衣服吗？★★★

</td>
<td>

1. 它叫什么名字？★
2. 上面有几个结？★★
3. 为什么这件东西上有那么多结？★★

4. 请上网查一下十三太保的故事，说说与这件东西有什么关系？★★★

</td>
</tr>
<tr>
<td>

1. 这件衣服叫什么？★
2. 这件衣服上为什么有不同的色块？★★
3. 请介绍一下这件衣服的寓意。★★★

</td>
<td>

1. 找到这件作品，它叫什么名字？★
2. 这件作品是做什么的？★★
3. 上面的图案是什么动物？它代表什么意思？★★★

</td>
</tr>
<tr>
<td>

1. 这件作品上画着什么？★
2. 这件作品叫什么名字？★

3. 这种东西有什么作用？★★
4. 身上穿着这种东西的人在当时社会上处于什么地位？★★★

</td>
<td>

1. 这件衣服叫什么名字？★
2. 这是什么人穿的衣服？★★
3. 它上面的花纹代表什么意思？★★★

4. 这件衣服的袖子有什么特点？为什么？★★★

</td>
</tr>
</table>

任务卡 1: 看照片回答问题

1. 这座桥叫什么名字? ★ 2. 找到这个地方,拍一张一样的照片。★ 3. 这座桥是什么时候建的? ★★ 	1. 这些是什么? ★ 2. 这种东西在中国哪些地方也有? ★★ 3. 这个人是谁? 这是一个什么故事? ★★★ 
1. 找一找这是在哪儿? 她是谁? ★ 2. 她在做什么? 她手里的东西是什么? ★★ 4. 她为什么很有名? ★★★ 	1. 找一找他在哪儿? 他是谁? ★ 2. 他是做什么的? 讲讲他的故事。★★ 4. 介绍一个他有名的作品。★★★ 
1. 她们在做什么? ★ 2. 在老街找到做好的东西,拍一张照片。★★ 3. 问一问这种东西的制作流程。★★★ 	1. 这是哪儿? 在这儿拍一张照片。★ 2. 上面的字怎么读? ★ 3. 问一问,这些汉字是什么意思? ★★
1.问一问老板,这个吃的东西叫什么名字? ★ 2. 问一问老板,这个东西是怎么做的? 什么味道? 怎么卖? ★★ 3. 请说说关于这个东西的传说。★★★	1. 这个(座)建筑在哪儿? ★ 2. 这里边有什么? ★ 3. 关于这儿,有什么样的传说或者故事? ★★★ 

任务卡 2: 分层级进行采访，并记录回答内容

★

问题	回答
1. 您贵姓?	
2. 您是哪里人?	
3. 您第一次来这儿吗?	
4. 您觉得七宝怎么样?	
5. 您喜欢七宝的什么?	
6. 您觉得这里最好吃的是什么?	
7. 您觉得七宝老街最美或者最有意思的地方是哪儿?	

★ ★

问题	回答
1. 七宝有多少年的历史?	
2. 七宝现在一共有多少座桥?	
3. 这个地方为什么叫"七宝"?	
4. 七宝最有名的特产是什么?	
5. 七宝最有名的雕塑家叫什么名字?	

★ ★ ★

问题	回答
1. 七宝有哪些古老的活动?	
2. 七宝有哪些名人?	
3. 棉织坊中展示的棉布制作有哪几个步骤?	
4. 七宝和别的古镇相比，有什么特点?	
5. 你觉得这里有什么缺点? 怎样改进?	

任务卡 1: 看照片回答问题

1. 这是什么东西? ★ 2. 它在什么地方? ★★ 3. 它是用来做什么的? ★★★ 	1. 这个建筑叫什么? ★ 2. 它为什么叫这个名字? ★ 3. 这座塔有什么特点? ★★ 4. 请介绍一下这座塔的历史。★★★ 
1. 这些字在哪里? ★ 2. 这个景点叫什么名字? ★★ 3. 它们在一起叫什么? 为什么在那里? ★★★ 	1. 找一找这张画? ★ 2. 画上的人是谁? ★★ 3. 这幅画描写的是哪首诗? ★★★ 4. 请说说这幅画描写的诗的大概意思。★★★
1. 这个东西叫什么名字? ★ 2. 它上面是什么图案? ★★ 3. 它上面的汉字是什么? 是什么意思? ★★★ 4. 它旁边还有三个, 都是什么图案? 代表什么? ★★★	1. 这个东西叫什么名字? ★ 2. 它是用来做什么的? ★★ 3. 请介绍一下它的使用方法。★★★ 4. 你的国家有类似的东西吗? 请介绍一下。★★★
1. 这块石头在哪儿? ★ 2. 它上面有什么汉字? ★★ 3. 这些汉字是什么意思? 为什么要放这块石头? ★★★ 	1. 这是什么地方? ★ 2. 它有什么特别之处? ★★ 3. 请介绍一下它的历史。★★★ 

任务卡 2: 分层级进行采访，并记录回答内容

★

问题	回答
1. 您是哪里人?	
2. 您是第一次来这里吗?	
3. 您是怎么来这里的?	
4. 您觉得东佘山和西佘山哪个好?	
5. 您还会来这里玩吗? 为什么?	

★★

问题	回答
1. 您为什么来这里参观?	
2. 东佘山和西佘山有哪些相同和不同之处?	
3. 佘山有哪些历史名人?	
4. 您觉得佘山圣母大教堂怎么样?	
5. 您知道"护珠宝光塔"吗? 它有什么特点?	

★★★

问题	回答
1. 佘山有什么民间传说?	
2. 佘山天文台有什么特点? 请介绍一下它的历史。	
3. 在佘山的景点中，您印象最深刻的是什么? 为什么?	
4. 东佘山为什么又叫"兰笋山"? 是谁给题的字?	
5. 您觉得佘山好与不好的地方有哪些? 您有什么建议?	

任务卡 1: 参观苏州河靠近黄浦江段，看照片回答问题

1. 找到这个地方，它现在叫什么名字？★ 2. 这座楼以前叫什么名字？★★ 3. 这座建筑始建于哪一年？★★ 4. 这座建筑在当时是以什么闻名的？★★★		1. 这是什么地方？★ 2. 它和左边图片中的楼有什么关系？★★ 3. 现在这里是什么地方？★★ 4. 它体现了哪个年代、哪个地方、怎样的建筑风格？★★★	
1. 这个（座）建筑是哪一年造的？★ 2. 现在这里叫什么？做什么用的？★ 3. 这个（座）建筑以前叫什么名字？为什么？★★ 4. 观察这个（座）建筑，它像哪个汉字？★★★		1. 这个（座）建筑里边有什么？★ 2. 这个（座）建筑顶端的四个大字是什么？是谁写的？★★ 3. 这个（座）大楼建造于哪一年？当时是做什么用的？★★ 4. 这个建筑是哪个国家的风格？★★★	
1. 这个（座）建筑建造于哪一年？位于哪条路上？★ 2. 原来这是什么地方？现在呢？★★ 3. 这个（座）建筑是什么风格？有什么特点？★★★		1. 这个地方在哪儿？叫什么名字？★ 2. 它是哪一年、哪国人出资建造的？★★ 3. 这座建筑在当时特别受外国领事们的欢迎，请调查一下为什么？★★★	
1. 这个（座）建筑现在叫什么名字？★ 2. 它建造于哪一年？★ 3. 二战时期它被用作什么？现在用作什么？★★		1. 这两个（座）建筑在哪儿？★ 2. 现在叫什么？★ 3. 大楼门口的"E.D"是什么意思？★★ 4. 这个建筑有怎样特殊的历史？★★★	

任务卡 2: 分层级进行采访，并记录回答内容

★

问题	回答
1. 您是哪里人？	
2. 您觉得苏州河怎么样？	
3. 您最喜欢苏州河哪里的风景？	
4. 苏州河有多长？	
5. 您知道苏州河有什么著名景点吗？	

★ ★

问题	回答
1. 苏州河分为几段？发源地在哪儿？	
2. 哪座建筑给您留下了最深刻的印象？为什么？	
3. 苏州河沿岸建筑有什么特点？	
4. 您会选择什么方式、什么时候游览苏州河？	
5. 这条河为什么叫苏州河？	

★ ★ ★

问题	回答
1. 您觉得苏州河的整体环境如何？如何改造？	
2. 这些历史建筑该如何保护？	
3. 苏州河有怎样的历史？请介绍一下。	
4. 您认为开发苏州河旅游项目有何价值？	
5. 从苏州河沿岸的建筑，可以看出上海有怎样的变迁？	

任务卡 1：参观拳械厅（1–5 题）和历史厅（6–8 题），看照片回答问题

1. 找到这本书，它叫什么名字？★ 2. 图中的人物在做什么？★ 3. 从旁边的多媒体中找到这种拳，拍一张照。★★ 4. 这个（件）东西上面的文字有什么意义？★★★ 	1. 这里有几种兵器？★ 2. 哪种兵器是"枪"？★★ 3. 这里的 2 把刀分别叫什么名字？★★ 4. 你觉得哪个兵器最厉害？为什么？★★★ 
1. 这个东西叫什么？★ 2. 它在汉代用作什么？★★ 3. 你觉得它像什么？作为兵器它厉害吗？★★ 4. 你觉得它与别的兵器有什么不同？★★★	1. 这个兵器的名字怎么读？是什么意思？★ 2. 为什么它有 2 个？★ 3. 这个兵器适合谁使用？★★ 4. 这个兵器怎么使用？★★★ 
1. 画中的人物有什么共同点？★ 2. 图中有一个女人，她在别人的背上做什么？★★ 3. 找一找，这上面有多少种兵器？你能说出几种？★★★ 	1. 这幅画是什么画？★ 2. 是什么时候、在哪儿发现的？★★ 3. 图中人物在做什么？表现了什么？★★★ 4. 图中反映的是哪个时代的生活情景？★★★
1. 这两个人叫什么名字？★ 2. 他们是什么关系？★★ 3. 他们生活在哪个年代？做什么职业？★★★ 4. 他们手中都拿着什么？有什么特别的名字？★★★	1. 图中的人物在做什么？★ 2. 他们是哪个朝代的？★★ 3. 当时为什么流行这个（种）活动？★★★ 4. 描述一下这些人物的地位和身份。★★★ 

任务卡 2: 参观历史厅，看照片回答问题

1. 这些字写在什么上面？★ 2. 这本书叫什么名字？作者是谁？★ 3. 这是一本关于什么的书？★★ 4. 请讲述其中的一个兵法。★★★ 	1. 这个东西叫什么？★ 2. 上面画着什么？★ 3. 画中人物有谁？是哪个朝代的？★★ 4. 画中人物的故事为什么有名？★★★ 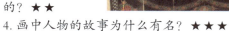
1. 画中女子叫什么名字？她在做什么？★ 2. 从旁边的画中找出描写这个女子的一首诗。★★ 3. 写这首诗的作者是谁？是哪个朝代的？★★★ 	1. 读一下上边的字，你认识几个？★ 2. 这三块牌子是什么意思？做什么用的？★★ 3. 当时这种考试叫什么？什么时候停止的？★★★ 4. 为什么有这种考试？有什么意义？★★★ 
1. 这个人叫什么名字？他还有一个什么名字？★ 2. 他生活在哪个年代？他会不会武术？★★ 3. 他创建了什么组织？这是一个什么样的组织？★★★ 4. 为他们题词的"孙文"是谁？他的题词是什么？★★★ 	1. 这些图展示的是什么拳？★ 2. 这种拳是在哪个地方产生的？★★ 3. 学会一个招式，在此图前拍张照。★★★ 
1. 这些是什么人？★ 2. 箱子里放着什么？★ 3. 他们手里拿着什么？为什么？★★ 4. 当时为什么会有这种职业？★★★ 	1. 请说出这些是什么东西？★ 2. 这些东西有什么相同点？★★ 3. 这些东西有什么作用？★★★ 4. 除了这些，请在旁边找一找，还有哪些东西也有相同的作用？★★★ 

任务卡 1: 参观一楼和二楼展馆，看照片回答问题

1. 找到这张图，最大的三个字是什么字？★
2. 最大的三个汉字是什么意思？★★
3. 人们常说天、地、人各有三宝，上网查一查是什么？说一说你了解的一项养生方式。★★★

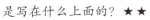

1. 这种字叫什么？★
2. 猜一猜这些字是什么意思？★★
3. 这些文字是写在什么上面的？★★
4. 这些字与医学有什么关系？★★★

1. 这个人是谁？他是做什么的？★
2. 他是哪个朝代的人？★★
3. 他最有名的书是什么？★★
4. 在网上查一查，讲述他的一个故事。★★★

1. 找到这座雕塑？它叫什么名字？★
2. 这个东西是做什么用的？★★
3. 这个东西怎么使用？★★
4. 找一找大椎穴在哪儿，有什么作用？★★★

1. 这个人是谁？他是做什么的？★
2. 他是哪个朝代的人？★★
3. 他最有名的书是什么？★★
4. 讲述一个他的故事。★★★

1. 这个人是谁？他是做什么的？★
2. 这个人被称作什么？★★
3. 请介绍一位你们国家有名的医生或者药师。★★★

  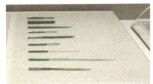

1. 这几个东西叫什么？★
2. 这几个东西是做什么用的？★★
3. 中医和西医使用的工具有什么不一样？★★★

任务卡 2: 参观三楼展馆，看照片回答问题

1. 这是什么？ ★ 2. 这是做什么用的？ ★★ 3. 这个东西是哪个朝代的？ ★★ 4. 查一查，做中药还常常用到哪些工具？ ★★★ 	1. 这些东西叫什么？ ★ 2. 这些东西是做什么用的？ ★★ 3. 这是什么朝代的东西？ ★★ 4. 找一找你的属相，并说说关于这些属相排列顺序的传说。★★★ 
1. 这件东西叫什么？ ★ 2. 它有什么作用？ ★★ 3. 中国人常常提倡食补，请查一查用这种药可以做什么药膳？ ★★★ 4. 你们国家有没有食补一说？如果有，都有哪些？请介绍一下。★★★ 	1. 这家药铺的名字叫什么？ ★ 2. 这是什么时候的事情？在哪个城市？ ★★ 3. 你能听懂他们的话吗？问一问能听懂的中国人，那位女士买了什么药？多少钱？ ★★★ 
1. 这个东西叫什么？ ★ 2. 它有什么作用？ ★★ 3. 这个东西常常产自哪些地方？ ★★★	1. 找到这台仪器，它叫什么名字？ ★ 2. 这台仪器怎么使用？ ★★ 3. 中医中的"四诊"指的是什么？ ★★★ 
1. 这些东西装在一起是什么？ ★ 2. 这些东西有什么功效？ ★★ 3. 查一查或者问一问，这些都是什么药？ ★★★ 4. 在你的国家有没有同样功效的药，是用什么做的？ ★★★ 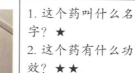	1. 这个药叫什么名字？ ★ 2. 这个药有什么功效？ ★★ 3. 问一问中国人，他们生病的时候常常吃中药还是其他药，为什么？ ★★★ 4. 你生病的时候有没有吃过中药？说一说中药的好处。★★★ 

任务卡 1: 看照片回答问题

1. 这三座桥分别叫什么名字？★
2. 哪座是最老的桥？★
3. 找到这个地方，拍一张一样的照片。★
4. 这三座桥有什么不一样？★★★

1. 坐在大家对面的人是谁？★
2. 他是做什么工作的？★★
3. 他是哪个朝代的？他是什么的祖师爷？为什么？★★★
4. 问一问中国人关于他的句子或者文章。★★★

1. 找一找这些东西在哪儿？★
2. 这些东西叫什么？是用来做什么的？★
3. 试一试，用篮子打水，结果怎么样？★
4. "竹篮打水一场空"是什么意思？讲一讲有关它的故事。★★★
5. 说一说，为什么这个篮子可以打水？★★★

1. 这个人是谁？★
2. 他手里拿着什么东西？这个东西叫什么名字？★
3. 他的手里为什么拿着这个东西？★★
4. 他是做什么的？讲讲他的故事★★★
5. 在你的国家有没有跟他一样的人？跟你的朋友讲一讲。★★★

1. 问一问，这句话用当地话怎么读？★
2. 这句话是什么意思？★

1. 这个东西叫什么名字？★
2. 问一问，石头上的汉字怎么读？★
3. 问一问，这些汉字是什么意思？★★
4. 解释"三元及第"是什么意思？★★★

1. 问一问老板，这个东西叫什么名字？★
2. 问一问老板，这个东西是怎么做的？什么味道？怎么卖？★★
3. 请详细说说这个东西的做法。★★★

1. 这个人是谁？人们为什么拜她？在你的国家有没有一样的神像？★
2. 这里有一副对联，请说出对联内容，并解释对联的含义。★★★

任务卡 2: 分层级进行采访，并记录回答内容

★

问题	回答
1. 您姓什么？	
2. 您是哪里人？	
3. 您第一次来这儿吗？	
4. 您觉得枫泾怎么样？	
5. 您喜欢枫泾的什么？	
6. 您觉得这里最好吃的是什么？	
7. 您觉得枫泾最美或者最有意思的地方是哪儿？	

★ ★

问题	回答
1. 枫泾有多少年的历史？	
2. 枫泾现在一共有多少座桥？	
3. 枫泾的"枫"字代表什么？	
4. 枫泾最有名的特产是什么？	
5. 枫泾最有名的漫画家叫什么名字？	

★ ★ ★

问题	回答
1. 枫泾有哪些历史名人？至少说三个。	
2. 这些名人最突出的成就是什么？	
3. 枫泾有一个由 3 座桥组成的景点叫什么名字？为什么叫这个名字？它们有什么历史？	
4. 参观游览古长廊，并问一问附近的人，这里的建筑有什么特点？	
5. 枫泾和其他古镇相比，有什么特点？	
6. 您觉得这里有什么缺点？怎样改进？	

任务卡 1: 看照片回答问题

1. 这座桥叫什么名字？★
2. 这座桥的名字有什么意思？★★
3. 古代的时候，男人走哪边？女人走哪边？为什么？★★★

1. 坐在轿子上的人是谁？★
2. 他是做什么的？★★
3. 他是哪个朝代的？做过什么？★★★
4. 他出行的时候还有哪些民俗活动？★★★

1. 找一找他在哪儿？★
2. 他在做什么？★
3. 这个东西要用到哪些材质？★★
4. 这个东西最早出现的时候是用什么做的？★★★
5. 制作这个东西有哪些工序？★★★

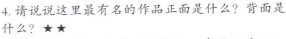

1. 这个地方在哪儿？在门口拍一张照。★
2. 在这里找到你最喜欢的一个作品，给大家介绍一下。★★
3. 这里最有名的一个作品叫什么名字？★★
4. 请说说这里最有名的作品正面是什么？背面是什么？★★
5. 介绍一下这里最有名的作品，有什么意义？★★★

1. 这是什么？★
2. 上面的字怎么读？★
3. 问一问，这些汉字是什么意思？★★
4. 说一说，西塘的这个东西有什么特点？★★★
5. 在这里找一找"四神瓦当"是哪4种动物？★★★

1. 这个东西是做什么用的？★
2. 这个东西叫什么名字？★★
3. 做这个东西需要哪些程序？★★★

1. 问一问老板，这个吃的东西叫什么名字？★
2. 问一问老板，这个东西是怎么做的？什么味道？怎么卖？★★
3. 请详细说说这个东西的做法。★★★

1. 这是西塘最短的弄堂，找一找在哪儿？★
2. 这个（条）宅弄是给谁用的？★★
3. 西塘的建筑有什么特色？★★
4. 西塘的建筑和北方庭院建筑有什么不同？★★★

任务卡 2: 分层级进行采访，并记录回答内容

★

问题	回答
1. 您贵姓？	
2. 您是哪里人？	
3. 您觉得西塘怎么样？	
4. 您觉得这里最好吃的是什么？您知道这里的人最喜欢喝什么酒吗？	
5. 您觉得什么时候来西塘最好？为什么？	

★★

问题	回答
1. 西塘有多少年的历史？	
2. 西塘现在一共有多少座桥？	
3. 您觉得西塘最美的地方是哪里？为什么？	
4. 西塘最有名的特产是什么？	
5. 西塘有什么优点和缺点？	

★★★

问题	回答
1. 西塘有哪些历史名人？至少说 3 个。他们是做什么的？	
2. 在西塘拍过哪些电视剧或者电影？	
3. 西塘有一个（座）特别的桥叫什么名字？为什么叫这个名字？有什么特别的意义？	
4. 参观王宅，并问一问附近的人，这里的建筑有什么特点？	
5. 西塘和其他古镇相比，有什么特点？	
6. 西塘作为水乡古镇，生活自然离不开水。请问一下当地人，这里的河水对他们来说有什么用？水质如何？有些什么保护水质的措施？	

任务卡 1: 看照片回答问题

1. 看一看这块石头像什么动物？★
2. 找一找，它的身上写了什么汉字？★

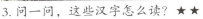

3. 问一问，这些汉字怎么读？★★
4. 想一想，这些汉字是什么意思？★★★

1. 找到这个地方。★
2. 找个异性朋友，按照汉字的意思拍一张照片。★
3. 问一问，为什么这里有两条"路"？★★
4. 问一问，这个地方的汉字怎么读？有什么意思？★★★

1. 他们在什么地方？这个地方叫什么名字？★
2. 看一看，桌子上有什么东西？你能用汉语说出来吗？★★
3. 这两个人在做什么？★★

1. 找到这个地方，读一读牌子上的字。问一问老板，为什么叫这个名字？★
2. 去里边点一杯茶尝一尝，味道怎么样？★
3. 问一问，里边有哪几种茶？价钱怎么样？★★

1. 朱家角的夜景也很美。找一找，这座桥在哪儿？★
2. 问一问，这座桥叫什么名字？★
3. 找一找，这座桥旁边有个（家）咖啡馆，去那儿坐一坐。★★

1. 看一看，沙发前放着什么？★
2. 问一问，那东西放在那儿做什么？★★
3. 问一问老板怎么做？坐在沙发上试一试。★★

1. 找一找，这个（家）店在哪儿？★
2. 照片上像衣服一样的东西叫什么？★★
3. 问一问，这些"衣服"是用什么做的？★★
4. 问一问，这种"衣服"的名字叫什么？是什么时候的什么人穿的？★★★

1. 找一找，哪个（家）店有这个东西？★
2. 问一问老板，锅里的东西是什么？★
3. 问一问老板，这个东西怎么做熟？★★
4. 问一问老板怎么卖？买一个尝尝，味道怎么样？★★
5. 在你的国家，有没有这种做菜的方法？★★★

任务卡 2: 分层级进行采访，并记录回答内容

★

问题	回答
1. 您是第一次来这里吗？	
2. 您是怎么知道这个地方的？	
3. 您觉得朱家角哪儿最有意思？	
4. 您会介绍朋友来这儿玩吗？为什么？	
5. 您知道朱家角有什么好吃的东西吗？	

★ ★

问题	回答
1. 朱家角在上海的哪个区？朱家角附近还有哪些好玩的地方？	
2. 朱家角大概有多少年的历史？	
3. 朱家角有没有百年老店？	
4. 朱家角最有名的桥叫什么名字？为什么叫这个名字？	
5. 朱家角旁边的湖叫什么名字？这个湖大还是西湖大？	
6. 问一下朱家角人，"你好！"用当地话怎么说。	

★ ★ ★

问题	回答
1. 朱家角除了"课植园"，还有一个园叫什么名字？里边怎么样？	
2. 朱家角的"报国寺"里有"三宝"，你知道是哪三宝吗？	
3. 在朱家角，除了传统文化让人着迷，还有哪些现代文明吸引了你？	
4. 朱家角有个（家）中药店叫什么名字？这个（家）中药店有多少年了？现在还可以买药吗？	
5. 您还去过别的古镇吗？朱家角的街道跟其他古镇比有什么特色？	
6. 采访一个（位）当地人："您在这里住了多少年了？您觉得朱家角这几年变化大吗？您喜欢这种变化吗？为什么？"	

任务卡 1: 看照片回答问题

<table>
<tr><td colspan="2">以下任务在西栅完成</td></tr>
<tr>
<td>
1. 在景点入口拍一张相同的照片。★
2. 这个雕塑叫什么名字？★★
3. 这个雕塑里面的人物是谁？★★

4. 这个雕塑有什么含义？★★★
</td>
<td>
1. 这座桥叫什么名字？★
2. 这座桥的旁边是什么景点？★★
3. 这座桥的建筑有什么特点？★★

4. 这座桥为什么这么有名？★★★
</td>
</tr>
<tr>
<td>
1. 这个东西叫什么名字？★
2. 这个东西在哪里？★★
3. 这个东西是用来做什么的？★★

4. 介绍一下这个东西的历史及演变。★★★
</td>
<td>
1. 这是什么东西？★
2. 这个东西为什么那么有名？★
3. 说说这个东西的历史故事。★★★
4. 介绍一下这个景点的家族历史。★★★
</td>
</tr>
<tr>
<td>
1. 这种吃的东西叫什么名字？★
2. 它为什么叫这个名字？★★
3. 介绍一下它的制作方法。★★★

</td>
<td>
1. 这些是什么东西？它们在哪里？★
2. 这些东西是用来做什么的？★★
3. 介绍一下里面东西的制作流程。★★★

</td>
</tr>
<tr>
<td>
1. 这个景点叫什么名字？★
2. 它为什么叫这个名字？★★
3. 请介绍一下它的历史。★★★
</td>
<td>
1. 这个东西叫什么名字？★
2. 这个东西是用来做什么的？★★
3. 这个东西在哪个景点？请介绍一下这个景点的历史。★★★

</td>
</tr>
</table>

任务卡 2: 分层级进行采访，并记录回答内容

★

问题	回答
1. 您是哪里人？	
2. 您觉得乌镇怎么样？	
3. 您最喜欢乌镇的哪些景点？	
4. 您认为乌镇为什么很有名？	
5. 您最喜欢这里的什么特产？	
6. 乌镇的西栅和东栅您更喜欢哪个？为什么？	

★ ★

问题	回答
1. 乌镇的建筑有什么特点？	
2. 乌镇的白天和晚上有什么不同特点？	
3. 您觉得在这里多长时间能了解乌镇？	
4. 乌镇好的地方和不好的地方是什么？	
5. 乌镇有哪些历史名人？您印象最深的前 3 个是谁？	

★ ★ ★

问题	回答
1. 乌镇原来叫什么？现在的名字是怎么来的？	
2. 昭明太子和乌镇有什么故事？因为谁昭明太子来到乌镇？	
3. 乌镇有什么特别的民俗习惯？	
4. 除了乌镇，您还去过哪些类似的古镇？这些古镇有什么相似之处和不同之处？	
5. 请介绍一个您最喜欢的景点，并说明原因。	
6. 您对乌镇的开发和保护有什么建议？	

任务卡 1: 看照片回答问题

1. 在景点入口拍一张相同的照片。★
2. 这种建筑叫什么名字？★★
3. 左边的塔叫什么名字？★★
4. 在古代，这样的建筑有什么意义？★★★

1. 请找到这个地方，看看这里有几个（座）桥？它们分别叫什么？★
2. 这两座桥的样子有什么不同？★★
3. 这两座桥为什么这么有名？★★★

1. 请在沈厅里找到这个地方？★
2. 最上面的汉字怎么读？是什么意思？★★
3. 这个地方是用来做什么的？★★
4. 私塾是什么？为什么要在这里挂这个人的画像？★★★

1. 请在沈厅里找到这个雕塑，他是谁？★
2. 他前面放着什么？★
3. 他的旁边为什么有很多钱？★★
4. 说说他的故事。★★★
5. 请问一下这里的游客，他们为什么要把钱扔进洞里去？★★★

1. 这个（种）吃的东西叫什么？★
2. 它为什么是绿色的？★★
3. 介绍一下它的制作方法？★★

1. 这些是什么东西？★
2. 坛子里面的东西是用什么做的？★★
3. 介绍一下这种东西的制作流程。★★★

1. 阿婆在干什么？★
2. 问问她们是怎么学会这个手艺的？要学多长时间？★★
3. 她们每天都来这里上班吗？她们一天可以做多少东西？★★★

1. 请找到古镇的游船中心，问一下坐一次船要多少钱？从哪儿到哪儿？★
2. 这个站着的人在干什么？她是一边做事一边在唱歌吗？★★
3. 在这里河道如马路，很多事情都需要通过这种交通工具，介绍几件需要用到这种交通工具的事？★★★

任务卡 2: 分层级进行采访，并记录回答内容

★

问题	回答
1. 您是哪里人？	
2. 您觉得周庄怎么样？	
3. 您喜欢这里的风景吗？	
4. 您知道周庄为什么很有名吗？	
5. 您最喜欢这里的哪种吃的？	
6. 您会介绍您的朋友来这儿玩吗？	

★★

问题	回答
1. 周庄一共有多少座桥？	
2. 周庄和上海有什么不同？	
3. 周庄的房子有什么特点？	
4. 周庄景点有哪些好的方面和不好的方面？	
5. 周庄的居民喜欢住在这里吗？为什么？	

★★★

问题	回答
1. 周庄原来叫什么？现在的名字是怎么来的？	
2. 这里有个景点叫逸飞之家，请问陈逸飞和周庄有什么关系？	
3. 除了周庄，您还去过哪些类似的古镇？这些古镇有什么相似之处和不同之处？	
4. 您最喜欢周庄的什么？为什么？	
5. 您觉得周庄的保护和开发合理吗？	

任务卡 1: 看照片回答问题

1. 找一找，这个地方在哪儿？★ 2. 问一问，这个地方叫什么？★★ 3. 看一看，找一找，有没有你认识的汉字？★★ 	1. 这块碑上介绍的人叫"李时珍"。找一找，这块碑在哪儿？★ 2. 问一问，李时珍是做什么的？如果他还活着，大概多少岁？★★ 3. 说一说，石碑上写的是什么内容？★★★ 
1. 找一找，这个地方在哪儿？看一看，水里有几个这样的东西？★ 2. 问一问，这样的东西叫什么？★★ 3. 这个东西有什么作用？你在哪儿见过类似的景点？★★★ 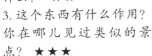 	1. 找一找，这个地方在哪儿？★ 2. 亭子前边的桥叫什么名字？★ 3. 想一想，在上海什么地方也有这样的桥？★★ 4. 问一问，为什么中国很多公园里有这样的桥？★★★
1. 看一看，这块石头像什么动物？★ 2. 这块"动物"的身体下边是什么东西？它有什么作用？★★ 3. 这些东西在古代是用什么东西做的？★★ 4. 找一找，在静思园里还有没有像这种动物的石头？★★ 5. 为什么中国人喜欢这种动物？它有什么意思？★★★ 	1. 找一找，这个地方在哪儿？★ 2. 上面的 3 个汉字怎么读？"轩"是什么意思？★★ 3. 大石头下面有一本石书，看一看，回答下面的问题： （1）这块大石头有什么特别？★★ （2）这块大石头的形状横着看像什么动物？这种动物在中国有什么特别的意思？这块大石头竖着看像什么动物？有什么意思？★★★ 
1. 找一找，这个地方在哪儿？★ 2. 看一看，问一问，在水里的叫什么建筑？★★ 3. 找一找，这个建筑在哪儿？★ 4. 问一问，为什么在中国园林里常常有这样的建筑？有什么用？★★★	1. 找一找，照片上的"门"在哪儿？★ 2. 找一找，在"静思园"还有这样的门吗？★ 3. 问一问，为什么在中国园林里常常有这样只有门框的"门"？★★★ 

任务卡 2: 看照片回答问题

1. 找一找，这 3 个字写在哪儿？★ 2. 问一问，这 3 个字怎么读？是什么意思？★★ 3. 想一想，为什么这个地方叫这个名字？★★ 	1. 找一找，这个地方在哪儿？★ 2. 问一问，这样的房子在中国园林里叫什么名字？★★ 3. 想一想，问一问，为什么园林里常常有这种没有窗的房子？★★★ 
这是中国特有的雕花门。 1. 找一找，这门在哪儿？★ 2. 看一看，门上雕刻了什么？★★ 3. 问一问，刻的东西有什么特别的意思吗？★★★ 	1. 找一找，这块大石头在哪儿？★ 2. 这块大石头叫什么名字？★ 3. 这块大石头有多高、多重？★★ 4. 这块大石头有什么特别的地方？看一看，石头前的石碑上写了什么？★★★ 
1. 这座桥在哪儿？★ 2. 到桥上找一找，桥的名字在哪儿？拍张照。★ 3. 这座桥有什么特点？★★★	1. 找一找，这个地方在哪儿？★ 2. 看一看，房子屋顶的浮雕上有个小孩，这个小孩手里有什么？★★ 3. 问一问，这幅浮雕像在中国有什么特别的意思？★★★
1. 找一找，这个地方在哪儿？★ 2. 这个景点有什么特点？★★ 3. 看一看，上面两个汉字怎么读？是什么意思？★★★ 	1. 找一找，这个（座）房子在哪儿？★ 2. 问一问，这个（座）房子是做什么用的？★★ 3. 看一看，屋顶上两个白色的动物叫什么名字？有什么特别的意思？★★★